In het vizier

© Rick Winkelman

Eerste druk: november 2003

Fotografie: Frits van Eldik
Eindredactie: Mark Joosten, Hans van der Klis, Noël Ummels
Operations: Dominique Ekkebus
Omslagontwerp en typografie: Marieke Riks
Lay-out: Vorm Reklamestudio, 's-Hertogenbosch
Druk: Plantijn Casparie, Utrecht

Uitgever:
RaceReport Uitgeverij BV
Postbus 22000
1202 CA Hilversum, Holland
Tel: 035-6223690
Fax: 035-6223693
Email: blad@racereport.nl

Niets uit deze uitgave mag, geheel noch gedeeltelijk, worden overgenomen en/of vermenigvuldigd zonder schriftelijke toestemming vooraf van de uitgever en de auteurs.

Rick Winkelman

In het vizier
Formule 1 achter de schermen

RACEREPORT UITGEVERIJ BV

Inhoudsopgave

7 Voorwoord Jos Verstappen

11 Waanzinnige winter

19 Een waardeloze auto

22 Bloot in de kast

26 Perskamer onder water

29 Michael is ook maar een mens

33 Fan van Fernando

37 Het rubberconflict

40 De val van Montoya

44 De jongensdroom van Stoddart

48 Een middelvinger naar de camera

54 Van oerwoud naar F1-jungle

60 Silverstone = spektakel

66 Meest indrukwekkende startcrashes aller tijden

72 Hoe overleef ik een F1-crash

78 Emo-tv

81 De First One komt naar Amerika

86 De mening van Jos

91 Van het GAK naar de Formule 1

96 Een absurde wereld

110 2003, de feiten en de cijfers

Voorwoord Jos Verstappen

Zoals Rick verderop in dit boekje al zegt heb ik hem niet leren kennen op een Formule 1-circuit, maar op een kartbaan. Dat was in het voorjaar van 1998, volgens mij in Italië, tijdens de Winter Cup in Lonato. We hebben toen lang staan praten. Nauwelijks over de Formule 1, maar vooral over karting. Ik had op dat moment toch al niet zo'n behoefte om over de Formule 1 te praten, omdat ik op dat moment net het gedoe met Tyrrell en Craig Pollock achter de rug had, toen Pollock koos voor het geld van Ricardo Rosset. Dus het kwam goed uit dat Rick vooral was geïnteresseerd in hoe ik tegen de kartsport aankeek. Karting is sinds die tijd tussen ons altijd een soort rode draad geweest. Rick kent een aantal van de jongens dat voor mijn kartteam reed goed en kent bijvoorbeeld Giedo van der Garde ook al jarenlang. Giedo werd in 2002 wereldkampioen karting met door mij gebouwde motoren. Het tunen van die motoren was dat jaar, waarin ik geen Formule 1 reed, een mooie afleiding. Ik kan mij ook nog herinneren dat ik met Rick een weddenschap had over een van mijn coureurs bij het WK in 1999. Ik was ervan overtuigd dat die jongen het podium kon halen. Rick was zo aardig om mij niet uit te lachen, maar hij vertelde mij wel dat hij daar niets van geloofde. Uiteindelijk won ik de weddenschap; mijn coureur werd tweede. Overigens, nu ik erover nadenk: ik heb Rick zelf eigenlijk nooit zien karten. Misschien moet ik hem maar eens op een kart zetten en kijken wat hij ervan terecht brengt.

Vanaf het moment dat Frits van Eldik en Olav Mol RaceReport zijn begonnen kom ik Rick ook tegen tijdens de Formule 1-races, tijdens tests, zelfs bij evenementen voor mijn fanclub, terwijl hij soms ook nog in hetzelfde hotel logeert of hetzelfde vliegtuig pakt. Vaak is het net alsof Rick bij iedere meter die ik rij in de buurt is. Ik heb hem een keer helemaal verkleumd zien raken bij de shakedown die ik op een steenkoud Silverstone deed met de Arrows, maar ook een keer helemaal bezweet zien rondwandelen in de hitte van Maleisië. Soms heeft Rick een cameraman bij zich of duwt hij een microfoon onder mijn neus. Soms gebruikt hij een hightech minidiskspeler, soms een verkreukeld notitieblokje en soms helemaal niets. Dan staat hij in een hoekje van de pitbox of in de pitstraat te kijken wat er gebeurt. Er ontgaat hem maar weinig. Niet alleen wat mij betreft; ook van de andere coureurs en teams weet hij heel veel. Dat ontdek ik bijvoorbeeld als ik RaceReport lees. De mensen van dat blad en zeker Rick als hoofdredacteur kennen de Formule 1 echt goed. Ze zeggen zelf dat ze de Formule 1 van binnenuit volgen en dat klopt. Kijk maar in dit boekje. Ik denk dat Rick mooie verhalen schrijft over wat hij allemaal heeft beleefd in de autosport. Rick vertelt over de leuke dingen die hij heeft beleefd, maar ook over een aantal vervelende momenten. Of over dingen waarover hij zich heeft verbaasd of boos is geworden. Hij heeft zelfs nog wat nieuwtjes te melden. En ik kom er ook nog in voor!

Ik heb de verhalen van Rick met plezier gelezen en ik denk dat iedereen die de Formule 1 volgt dit een leuk boek vindt. Veel leesplezier!

Waanzinnige winter

Vlak voor de Japanse Grand Prix in 2002 geeft Max Mosley het startsein voor een waanzinnige winter. Tussen Suzuka (de laatste race van het F1-jaar 2002) en het Australische Melbourne (opening van het seizoen 2003) is de Formule 1 continu in beweging. Vooral over de nieuwe reglementen en de geldzorgen bij een aantal teams. Mosley, president van autosportbond FIA, wil de Formule 1 spannender en goedkoper maken. Om de discussie op gang te brengen lanceert hij vlak voor de Japanse GP een aantal idiote voorstellen. Zoals het toekennen van een gewichtshandicap aan succesvolle teams en het laten switchen van coureurs van het ene naar het andere team. Domme ideeën, geopperd door een slimme man. Mosley reist naar Japan, waar hij voor iedereen in de paddock aanspreekbaar is. Ook voor mij. Als de kwalificatie is stilgelegd om de puinhoop op te ruimen die Allan McNish heeft veroorzaakt met een zware crash, staat Mosley eerst in vloeiend Italiaans de RAI te woord om vervolgens voor mijn RTL-microfoon te verschijnen. Hij neemt alle tijd om de Nederlandse kijkers bij te praten. Tot een motor wordt gestart (van de reservewagen van McNish) en wij ons gesprek moeten staken. Mosley gaat de rest van het weekend onvermoeibaar verder, praat zich de blaren op de tong en bereikt zijn doel. Er wordt nagedacht over de toekomst van de Formule 1 en Mosley effent het pad voor een aantal nieuwe ingrijpende, voorstellen. Die deze keer wel serieus zijn bedoeld. In Melbourne ziet het Formule 1-weekeinde er daardoor anders uit. De opvallendste wijzigingen zijn dat er voortaan slechts één soort regenband bij een Grand Prix mag worden gebruikt en de coureurs rijden met het nekbeschermingssysteem HANS. De kwalificatie voor de startpositie bestaat voor iedere coureur nog maar uit één vliegende ronde, tussen die kwalificatie en de race mag er nauwelijks nog aan de auto's worden gesleuteld en voortaan krijgen de eerste acht in plaats van de eerste zes coureurs die over de finish komen punten voor het wereldkampioenschap. Opvallende veranderingen aan het Formule 1-reglement, die echter nog maar het topje van de ijsberg zijn. In de komende jaren wil Mosley de Formule 1 technisch simpeler en daarmee goedkoper en spannender maken. Door strengere regels op het gebied van het materiaal zullen er tussen de teams minder grote verschillen zijn dan in de huidige situatie, waarbij elk team zijn eigen spullen ontwikkelt. Het is nog afwachten welke van die plannen gerealiseerd worden. Niet alle voorstellen van Mosley worden meteen aanvaard. Zo wordt er, in tegenstelling tot wat Mosley wilde, het hele seizoen gereden met elektronische hulpmiddelen zoals launch-control en traction-control. Beide bedoeld om *wheelspin* tegen te gaan. Het is prima dat Mosley de Formule 1 boeiender wil maken, zeker na de overmacht van Ferrari in de voorgaande jaren, maar hij vergeet dat de Formule 1 juist bestaat bij de gratie van verschillende teams die rijden met verschillend materiaal, in tegenstelling tot bijvoorbeeld de Amerikaanse CART-series, waar de teams een kant-en-klare auto kopen en iedere coureur in 2003 met Bridgestone-banden en een Ford-motor rijdt. Formule 1 hoort technisch de meest vooruitstrevende en gedurfde raceklasse te zijn. Daarbij horen miljoenenbudgetten (Ferrari jaagt in 2003 ongeveer vijfhonderd miljoen euro erdoor, het kleine Minardi spendeert dertig miljoen en wordt daarmee gezien als armoedzaaier) en periodes waarin een team dankzij de juiste combinatie van mensen en materiaal domineert. Mosley heeft echter al eerder bewezen dat hij goede ideeën heeft, bijvoorbeeld op veiligheidsgebied, dus hij verdient voorlopig alle steun. Bovendien heeft Mosley regelmatig laten zien wel degelijk gevoelig te zijn voor ideeën van anderen. Zoals bijvoorbeeld van Olav Mol. Halverwege het jaar 2002 is er rumoer over de schermen die de teams voor hun pitboxen zetten. De fans op de tribune en voor de televisie kunnen niets meer zien. Olav wijst Mosley erop dat die schermen gevaarlijk zijn, omdat de monteurs bij een brand niet snel de pitbox uit kunnen. Toeval of niet, kort daarna worden de schermen verboden. Omdat ze gevaarlijk zijn. In Japan drukt Mol een briefje in de handen van Mosley. Een dag later ziet Mosley hem staan en gaat hij met hem in overleg. Onderdelen van de plannen van Mol, bijvoorbeeld over de kwalificatie, zien we later terug in de nieuwe regels voor 2003. Toeval?

Op 3 december 2002 raakt Tom Walkinshaw zijn motorboot kwijt. Het jacht van de Arrows-baas gaat terug naar de fabriek. Een voor Walkinshaw pijnlijk bewijs dat hij nu ook privé wordt aangepakt. In 2002 wordt duidelijk wat voor een financiële slangenkuil Walkinshaw heeft gegraven. Jos Verstappen wordt ondanks een waterdicht contract ingeruild voor Frentzen. Verstappen begint een ook nu nog voortdurende rechtszaak, net als Frentzen. De Duitser is niet betaald. Walkinshaw probeert via zijn vriend Charles Nickelson op een slinkse manier de rechten om in de Formule 1 te racen over te nemen van het failliete Prost. Onder de naam Phoenix wil Walkinshaw uit de as herrijzen en opnieuw beginnen, om zo de vele schulden van Arrows niet te hoeven betalen. Zo is motorenleverancier Cosworth niet betaald en wil Arrows-aandeelhouder Morgan Grenfell geld terug. De bank is de belangrijkste partij die Arrows voor het gerecht sleept, maar niet bepaald de enige. Naast Morgan Grenfell, Verstappen, Frentzen en Cosworth is er nog een hele rits schuldeisers. Van personeelsadviesbureaus tot de plaatselijke supermarkt. Vanaf Silverstone 2002 worden de problemen van Arrows voor het grote publiek duidelijk. Het team mist de vrijdagtrainingen, omdat Cosworth eerst geld wil zien en dan pas motoren wil leveren. Uiteindelijk is Arrows er vanaf Monza helemaal niet meer bij. Arrows neemt na 382 Grands Prix afscheid van de Formule 1. Het was het team dat het langst in de Formule 1 actief is geweest zonder ooit een race te winnen. Is het jammer dat Arrows verdwenen is? Ja. Natuurlijk had het team geen bestaansrecht meer, maar het is een slechte zaak dat het Formule 1-veld daardoor is uitgedund tot tien teams en twintig rijders. Is het jammer dat Walkinshaw van het toneel is verdwenen? Ja. Maar ik heb makkelijk praten. Walkinshaw heeft twee gezichten. Met zijn lelijke kant, zijn onbeschofte manier van zakendoen, heb ik nooit wat te maken gehad. Walkinshaw is echter ook een enorme racefan. Je kan uren met hem praten over autosport. Dan is hij een ander mens. Walkinshaw weet dondersgoed dat ik in RaceReport al in een vroeg stadium over zijn financiële problemen heb geschreven (na te zijn getipt door Minardi-eigenaar Paul Stoddart), maar hij staat mij altijd te woord. Ook in de donkerste momenten van zijn team. Daar heb ik waardering voor.

In december 2002 en januari 2003 heb ik het druk met de strijd tussen Jos Verstappen en Christijan Albers, of beter gezegd: de strijd tussen hun managers. Huub Rothengatter en Raymond Vermeulen aan de ene kant namens Jos Verstappen, Lodewijk Varossieau en Michiel Mol namens Christijan Albers. Varossieau en Mol lanceren *Double Dutch,* een plan waarbij Christijan Albers en Jos Verstappen beiden bij Minardi gaan racen. Waarschijnlijk omdat ze beseffen dat Verstappen & Co niet willen dat Albers ook wedstrijden gaat rijden, presenteren ze het Verstappen-management een aangepast plan. Huub Rothengatter: "Ik wist van Double Dutch, maar dan wel met Christijan als testrijder, niet als racend coureur. In dat geval zou het een prima voorstel kunnen zijn, bijvoorbeeld met een Minardi-dag op Zandvoort. Ik heb nooit willen meewerken aan het plan om Jos en Christijan samen te laten racen." Varossieau probeert het plan door te zetten. Hij gaat op bezoek bij sponsors, heeft een folder gemaakt en vertelt namens Rothengatter te spreken. Die weet echter van niets. Bij RaceReport ontdekken we wat er aan de hand is als Varossieau en Mol het Double Dutch-concept proberen te verkopen aan de Holland Media Groep (HMG: moederbedrijf van RTL, Yorin en advertentieverkoper IP). Er wordt door HMG contact gezocht met Rothengatter. Die vertelt de verbaasde HMG-medewerkers niets te weten van deze versie van Double Dutch en is woedend. 's Avonds laat belt Jos

Verstappen met RaceReport, dat inmiddels op de hoogte is van Double Dutch en het begeleidende verhaal van Mol en Varossieau. "Kun je me nog één keer uitleggen hoe het zit?" vraagt Jos met een stem waar woede en ongeloof in doorklinken. Huub Rothengatter vertelt dat Double Dutch in zijn ogen is bedoeld om over de rug van Jos Verstappen sponsorgeld voor alleen Christijan Albers te krijgen. Varossieau vindt niet dat hij sponsors zoals Sony, Horn Keukens, Jumbo Supermarkten en Exact verkeerd heeft voorgelicht. "Het leek me wel een leuke stunt, twee Nederlandse coureurs in één team. Maar als Verstappen er niets voor voelt is dat jammer", zegt hij. Christijan Albers meldt later op Radio 538 dat de Double Dutch-plannen zijn bedacht door het Verstappenkamp. De onduidelijkheid verdwijnt pas op 9 januari. Een belangrijke dag voor Jos Verstappen, want die donderdag wordt officieel bekendgemaakt dat hij dankzij Minardi terugkeert in de Formule 1. Ook een belangrijk moment voor RaceReport, want wij liggen de volgende dag al in de winkel. Een week eerder dan gepland. Mét een artikel waarin we het Double Dutch-verhaal uit de doeken doen en vertellen dat Jos voor Minardi gaat racen. Probleem daarbij is dat de RaceReport al klaar moet zijn als wij nog niet honderd procent zeker weten of Verstappen bij Minardi gaat tekenen of dat Albers dat toch nog gaat doen. Ik schrijf daarom twee versies van het Double Dutch-verhaal: een waarbij Verstappen naar Minardi gaat en een waarbij Albers Minardi-coureur wordt. Dinsdagochtend 7 januari om elf uur besluiten RaceReport-oprichter Frits van Eldik, managing-director Mark Joosten en ik om de Verstappen-versie te drukken. Twee spannende dagen later blijken we goed te hebben gekozen. Alhoewel, de spanning duurt geen twee hele dagen. Woensdagmiddag 8 januari krijg ik een telefoontje van Lodewijk Varossieau. Hij heeft van Jurgen Gommeren, hoofdredacteur van concurrent F1 Racing en erkend RaceReporthater, een telefoontje gekregen waarin Gommeren zegt dat ik een smerig verhaal over Varossieau heb geschreven. Tijdens het gesprek met Varossieau besef ik dat Jos Verstappen de Minardi-coureur wordt. Deze RaceReport wordt ons bestverkochte winternummer ooit. We hebben (beredeneerd) gegokt, en gewonnen. De dag dat we RaceReport uitdelen op de persconferentie van Jos, en dus de dag dat Jos openbaar maakt dat hij Minardi-coureur is geworden, vraagt RTL5 mij of ik een interview wil doen met Christijan Albers. Ik moet even slikken, want Albers is het lijdend voorwerp in mijn RaceReport-verhaal. Tijdens het interview blijkt Christijan een echte professional. We hebben een goed gesprek, terwijl hij zwaar teleurgesteld moet zijn en mogelijk ook woedend op mij is. Ik heb veel respect voor de manier waarop Albers met zijn emoties omgaat. Net zoals ik veel respect heb voor zijn rijtalent en de manier waarop hij de mensen van de motorsportafdeling van Mercedes voor zich heeft weten te winnen door formidabel te presteren in de DTM. Het is begrijpelijk maar ook jammer dat Christijan en zijn management vooral begin 2003 RaceReport zwart proberen te maken. Christijan vergeet wat Frits van Eldik voor hem heeft gedaan. Frits is degene die Albers in bedwang houdt als die problemen heeft met officials tijdens de Marlboro Masters of Formula 3 en door het lint dreigt te gaan. Frits is later ook degene die de sponsoring regelt waarmee Christijan kan meedoen aan de Formule 3-race in Macau en doet ook privé het nodige voor Albers. Dat lijkt Christijan te zijn vergeten sinds hij in zee is gegaan met Lodewijk Varossieau. Jammer. Dick Springer, journalist van De Telegraaf, zit tijdens de Double Dutch-perikelen bij het Australian Open-tennistoernooi in Melbourne. Hij heeft gehoord dat er in Nederland Formule 1-nieuws is. Ik mail hem mijn RaceReport-verhaal, maar stuur per ongeluk de Albers-versie. Dick wordt daarmee de enige die deze versie ooit heeft gelezen en snapt er helemaal niets meer van. Tot hij mij, midden in de nacht in Australië, belt en ik hem de correcte versie van het verhaal uit de doeken kan doen.

De volgende rel die ons Nederlanders mateloos interesseert is het bandenprobleem van Minardi. Dat loopt zo hoog op dat

Jos Verstappen, als hij op 30 januari 2003 in Valencia eindelijk weer in een Formule 1 mag rijden, op Formule 3000-banden moet testen. Minardi-eigenaar Paul Stoddart is vertrokken bij Michelin en wil Bridgestone-banden gaan gebruiken. De onderhandelingen met de Japanse bandenfabrikant verlopen moeizaam. Stoddart vindt dat hij te veel geld moet betalen voor de Bridgestones. De topmannen van de bandenfirma willen eigenlijk helemaal niets met het Italiaans/Engelse team te maken hebben. De emotionele Stoddart is woedend en vindt het geen probleem om voor de RTL-camera zijn versie van het verhaal te vertellen. Dat vind ik ook prima. Een boze Stoddart geeft immers mooie televisie. Omdat de tijd dat we van het bedrijf van Formule 1-baas Bernie Ecclestone mogen filmen op het circuit beperkt is en we Stoddart uitgebreid aan het woord willen laten, rijden we naar een parkeerplaats buiten de hekken van het Spaanse circuit. Stoddart gaat op een kistje staan, want hij wil dat tijdens het interview de Bridgestone-trailer in beeld is. En dat kan alleen als Stoddart een stukje boven het hek uit steekt. Bridgestone is niet blij met de door Stoddart gezochte publiciteit. Ik heb medelijden met Jos. Is hij terug in de Formule 1, heeft hij gelijk politiek gezeur en geldkwesties aan zijn hoofd. Verstappen zelf blijft daar nuchter onder. "Als je er niet tegen kan, hoor je niet in de Formule 1", zegt hij. Later kan Stoddart lachen om de dag in Valencia. Als ik een schaalmodel krijg van de Minardi waarmee Jos die dag in januari heeft gereden, een auto met Avon Formule 3000-banden dus, laat ik die door de Australiër signeren. Het model staat in mijn vitrine met memorabilia die mij herinneren aan leuke momenten in mijn werk voor RaceReport en RTL.

Dat politiek en geld onlosmakelijk met de Formule 1 verbonden zijn, heeft Jos goed gezien. Dat geldt zeker in 2003, een seizoen dat getekend wordt door vermoeiende discussies over reglementen, de invloed van de autofabrikanten, de geldzorgen van Jordan en Minardi en de tabaksreclame.

Desondanks wordt het een fantastisch jaar. Met de doorbraak van Kimi Räikkönen en Fernando Alonso, zware crashes, mooie en onvoorspelbare races, Jos Verstappen die indruk maakt met zijn positieve instelling maar ook een keer vreselijk uit zijn slof schiet plus een wereldkampioenschap dat pas wordt beslist in de laatste race. Een heerlijk seizoen om over te schrijven.

Een waardeloze auto

'Poffertjes' staat er op een stalletje achter de hoofdtribune op het circuit van Melbourne. Het geeft een beetje aan waarom ik mij in Australië altijd dicht bij huis voel, terwijl het 26 uur reizen is. Er is genoeg Europees en zelfs Nederlands te vinden in Melbourne. Dankzij de restaurants en de vele landgenoten die daar werken, bijvoorbeeld. Aan de andere kant: ik vlieg dit seizoen naar Australië met Malaysian Airlines. In vliegtuigen waarin op een monitor staat aangegeven waar Mekka ligt en waar een gebedsruimte aan boord is. Dat geeft wel weer het gevoel dat je ver van huis bent. Maar dat gevoel verdwijnt snel als ik in Melbourne met een trammetje de woensdag voor de race op weg ga naar mijn eerste klus. Op een zwaarbewaakt plein (de angst voor terrorisme zit er in Australië stevig in) in het centrum van de stad wordt de nieuwe Minardi gepresenteerd. De Minardi PS03 is achter op een simpel vrachtwagentje de stad in gereden. De onthulling wordt bijgewoond door een stuk of dertig Nederlandse Verstappen-fans.

Dat je met weinig geld toch Formule 1-sponsor kunt worden blijkt als het RaceReport-logo plotseling op de pet van Jos Verstappen staat. Dat levert forse publiciteit op. We hadden nog meer publiciteit kunnen krijgen, want Frits van Eldik heeft stickers meegenomen naar Melbourne om op de auto te laten plakken. Dat gaat op het laatste moment echter niet door. Terwijl een Michelin-mannetje van het plein wordt weggestuurd onthult een emotionele Paul Stoddart samen met Jos Verstappen, Justin Wilson en Matteo Bobbi (die is – heel even – testcoureur) de PS03. De sfeer is goed, de verwachtingen zijn hooggespannen. En dus is de teleurstelling een dag later enorm. Al na de vrijdagochtendtest weet Jos het: de Minardi PS03 is een waardeloze auto. En geld om de auto te ontwikkelen is er niet. "Het is net als bij Arrows", verzucht een aangeslagen Verstappen. De ellende is al begonnen voordat Jos goed en wel de pitstraat uit is. Op het moment dat hij gas geeft, slaat zijn Cosworth-motor af. Dat is ook de schuld van Jos, want bij het wegrijden geeft hij volgas en dat had op dat moment nog niet gemogen. Later zijn er problemen met het elektronisch aangestuurde terugschakelen op de motor, die ook afslaat als er nog weinig benzine in de tank zit. Een marshal komt een vleugeltje brengen dat op het circuit van de Minardi is gevallen. Geen van de Minardi-monteurs weet waar het vleugeltje op de auto hoort te zitten. Engineer Greg Wheeler, de zo belangrijke schakel tussen Jos en de rest van het team, brengt het onderdeel naar ontwerper Gabriele Tredozi. Die kijkt ernaar en legt het op de grond. De wegligging van de PS03 is beroerd, wat volgens Minardi mede wordt veroorzaakt door de verouderde Bridgestone-banden waarmee het team moet rijden en doordat het team een verkeerde maat velgen heeft meegenomen. Bij de grappig bedoelde preview op het seizoen in RaceReport schrijf ik een aantal weken voor Melbourne dat Jos in de loop van het jaar gaat roepen dat hij liever met de Avon Formule 3000-banden was blijven rijden. Gelet op de problemen met de Bridgestones zou je haast gaan denken dat mijn voorspelling nog waarheid wordt ook. In de loop van het seizoen wordt de relatie tussen Bridgestone en Minardi echter langzaam maar zeker wat beter. Mede dankzij de goede contacten van Jos met de Japanse bandengigant, voor wie hij in het verleden veel testwerk heeft gedaan.

Minardi besluit de auto's niet te laten deelnemen aan de kwalificatie. De nog nauwelijks geteste bolides hoeven daarom niet naar het *parc fermé*, zodat de monteurs kunnen blijven doorsleutelen. Dat werk is bijna voor niets, als bij een routinecontrole na de installatieronde voor de race blijkt dat de auto van Jos olie lekt. Ik sta op de startgrid op Jos te wachten om een interview met hem te doen, als ik de Limburger plotseling in de pitbox zie staan. Ik sprint (voorzover dat gaat met een zender op je schouder en een dikke buik rond je middel) naar de Minardi-garage. Het valt me op hoe chaotisch de monteurs werken. Begrijpelijk: doordat de Minardi pas laat klaar is hebben niet alleen de coureurs weinig kunnen testen, maar hebben ook de monteurs de PS03 nog maar nauwelijks leren kennen. Ik sta pal naast de auto en meld me via mijn zender bij Olav. We besluiten dat ik niet alleen verslag doe van wat ik zie, maar dat ik de microfoon openhoud als Jos uit de pits wegrijdt. Dat moet een hels kabaal geven op de zender, maar dat wordt volgens ons zeker op prijs gesteld door de fans thuis die weten hoe oorverdovend mooi het geluid van een Formule 1-auto klinkt.

Het is niet het enige dat er te genieten valt, want de race is fraai. De eerste van vele mooie races die dit jaar volgen, maar dat weten we dan nog niet. Het heeft in Melbourne tijdens de race nog nooit geregend, maar nu doet het dat wel. David Coulthard start als elfde, maar weet de race toch te winnen. Jos wordt elfde. Hij mag nog blij zijn dat hij in de reservewagen is gestapt. Hij is de enige die een auto met een Ford Cosworth aan de finish brengt. De motoren achter in de twee Jaguars, de twee Jordans en de Minardi van Verstappens teamgenoot Justin Wilson begeven het. Paul Stoddart vindt dat Jos een mooie prestatie heeft geleverd. Beseft hij al dat hij het in 2003 van dit soort lichtpuntjes moet hebben?

Bloot in de kast

Volgens Mark Webber, zijn voorganger bij Minardi, is Justin Wilson te aardig voor de Formule 1. Dat is niet waar. Wilson is vreselijk aardig, maar kan wel degelijk van zich af bijten. Hij heeft een ijzeren wil. Ondanks zijn lengte (1 meter 92) en beperkte financiële middelen heeft hij de Formule 1 gehaald en promoveert hij halverwege het seizoen zelfs van Minardi naar Jaguar. In Maleisië helpt zijn doorzettingsvermogen hem echter niet over de streep. Het duurt lang voordat ik doorheb wat de oorzaak is van het uitvallen van Wilson. Nadat ik de hele tijd in de Minardi-pits heb gestaan, lekker in de schaduw, besluit ik ondanks mijn warme brandvrije overall (verplicht omdat ik tijdens de race in de pitboxen loop) de kokendhete zon in te gaan om een kijkje te nemen bij andere teams. Plotseling hoor ik Frits van Eldik over de portofoon roepen dat of Jos, of Justin (dat kan ik niet goed verstaan) stilvalt. Ik ga terug naar Minardi waar RTL-cameraman Jan-Rein Hettinga mij vertelt dat Jos gaat uitvallen. Fysiotherapeut Simon Jones, die tevens het pitbord van Jos bedient ("Omdat ik hem door zijn kale kop goed kan zien", grapt Verstappen), is inmiddels al in de pits. Maar waarom wordt het pitbord van Jos dan uitgehangen door een andere Minardi-man? Seconden later wordt dat duidelijk als Justin Wilson de pits in rijdt. En niet uitstapt. Doordat zijn HANS-systeem is verschoven is er een zenuw beknel geraakt in de linkerschouder van Wilson. De Brit rijdt zo lang door als hij kan. Te lang, want eenmaal in de pits valt Wilson flauw van de pijn. HANS is nog lang niet perfect. Veel coureurs hebben pijn als ze het systeem langere tijd op de schouders torsen. Zeker in Maleisië is dat niet prettig. De race is door de hitte, die soms letterlijk pijn doet, en de luchtvochtigheid al zwaar genoeg. Als ik na de race, nadat een official mij niet durfde tegen te houden, het *parc fermé* binnenloop kom ik het levende bewijs tegen. Hoewel, levend… Winnaar Räikkönen is redelijk fit. Logisch, als je net je eerste Grand Prix hebt gewonnen. Jarno Trulli is de andere kant van het uiterste. Hij is he-le-maal kapot. En dat terwijl Trulli een van de fitste coureurs is, die normaal gesproken zijn hand niet omdraait voor een marathon. Als Räikkönen de uitputting niet voelt door zijn succesvol verlopen race, zal bij Trulli's vermoeidheid ongetwijfeld de teleurstelling meespelen over de wilde actie van Michael Schumacher in de eerste bocht, waardoor Trulli's kans op de zege verkeken is.

Terwijl Wilson van het circuit van Sepang wordt afgevoerd naar het ziekenhuis, krijg ik een bericht van de FIA onder ogen waarin Rubens Barrichello wordt vrijgesteld van het dragen van het HANS-systeem tijdens de race. Als Paul Stoddart die mededeling na afloop van de race onder ogen krijgt zucht hij slechts. Hij vindt dat Minardi opnieuw wordt benadeeld. Later in het seizoen is Rubens Barrichello erg blij met HANS. In Hongarije breekt een deel van zijn achterwielophanging op het moment dat Rubens aanremt voor de eerste bocht na het snelle rechte stuk. De uitloopstrook is daar veel te kort en Barrichello wordt de banden in getorpedeerd. Hij stapt ongedeerd uit. Met dank aan HANS.

Natuurlijk is het niet te vergelijken met wat de coureurs en monteurs meemaken, maar voor een pitreporter is Maleisië ook zwaar. De hitte en de luchtvochtigheid zijn enorm. In 2002 kleed ik mij na afloop van de race om in een bezemkast in de toiletruimte. Een kleedkamer is er niet. Mijn overall is doorweekt, net als mijn T-shirt, sokken en onderbroek. Gelukkig heb ik van alles een droog exemplaar bij me. Precies in de seconde dat ik mijn onderbroek uitdoe en dus helemaal in mijn nakie sta, trekt de Britse televisielegende Murray Walker de deur van de bezemkast open. De bejaarde verslaggever heeft in zijn carrière al heel wat meegemaakt maar dit, een blote Hollander met een doorweekte onderbroek in zijn ene hand en een droog exemplaar in de andere, vast nog niet.

In 2003 heb ik naast de hitte nog een probleem. Ik ben mijn stem verloren. Meer dan wat gepiep kan ik niet voortbrengen. De keelproblemen worden veroorzaakt door de op volle toeren werkende airco's in Maleisië, maar ook doordat ik veel tijd in vliegtuigen heb doorgebracht. In tegenstelling tot de meeste collega's heb ik geen vakantie gevierd in Maleisië, maar ben ik van Australië teruggevlogen naar Schiphol, om een week later weer in een Boeing van Malaysian Airlines te stappen richting Kuala Lumpur. De films zijn hetzelfde als op weg naar Australië, de route is anders. De dag dat ik vertrek vliegt Malaysian een stukkie om. Ze gaan niet meer over Irak. Het is de dag dat George Bush de oorlog heeft verklaard aan Saddam Hoessein. Als ik na aankomst lang wakker blijf om aan het tijdverschil te wennen, is het gebeurd. Mijn keel heeft een opdonder gehad en pas vijf dagen later, op zondag, komt er weer een acceptabel geluid uit mijn mond. Dat had eerder kunnen zijn, maar dan had ik naar Olav moeten luisteren.

Ik stap met mijn keelklachten eerst naar Simon Jones, de fysiotherapeut van Minardi. Ik heb hem op donderdag geïnterviewd voor het item 'Team Verstappen' in RTL Grand Prix, dus Simon heeft uit eerste hand gehoord hoe beroerd mijn stem klinkt. Simon heeft echter weinig aandacht voor mij. Omdat hij er in Australië vanwege ziekte van zijn dochter niet bij was, hij geen vervanging had geregeld, Jos daarom door een lokale fysiotherapeut moest worden behandeld en Verstappens zaakwaarnemer Raymond Vermeulen zelfs nog even het pitbord moest bedienen, zet Jones alles op alles om de verstoorde relatie met Jos te lijmen. Voor een hese verslaggever heeft hij weinig tijd. Meer dan een pilletje krijg ik niet. Riccardo Cecarelli, de dokter van Toyota, geeft mij later een aantal poeders. Ook die helpen niet. Vrijdagmiddag begin ik mij toch wat zorgen te maken. Olav heeft het allemaal aangehoord en roept voor de zoveelste keer dat ik mijn keel moet spoelen met zout. Het beste paardenmiddel tegen keelpijn. Maar ja, ik ben eigenwijs (net als iedereen bij RTL Grand Prix en RaceReport; eigenwijsheid staat bovenaan bij de functie-eisen). Als ik uiteindelijk toch maar Olavs raad opvolg, is mijn stem binnen 36 uur weer in orde. Dokter Ollie weet raad.

Perskamer onder water

"Een recept van je dokter en een brief van je oma." Dat zijn volgens Minardi-teammanager John Walton de voorwaarden om het HANS-systeem niet te hoeven dragen. Tussen Maleisië en Brazilië zorgt HANS voor veel discussie. In Brazilië hebben de meeste teams echter al een oplossing om het dragen van HANS voor de coureurs minder pijnlijk te maken: een soort dubbele veiligheidsgordel. Bovendien zijn inmiddels ook aangepaste HANS-beugels voor de wat breder gebouwde coureurs (Coulthard, Verstappen) beschikbaar. De discussie over HANS stopt daardoor in Brazilië. Bovendien zijn er genoeg andere onderwerpen die op Interlagos voor gespreksstof zorgen. Zoals de vele regen, de gevaren van São Paulo, de slechte voorzieningen op het circuit (telefoonlijnen zijn slecht, fotografen moeten achthonderd dollar betalen voor een ISDN-lijn die er niet is, journalisten vallen op de grond doordat hun stoel in stukken breekt) en de vele mooie Braziliaanse dames. Of een combinatie daarvan.

Zondagmorgen loopt de perskamer tijdens een megaregenbui onder water. De tussenvloer, met daarin alle snoeren, kabels en aansluitpunten voor stroom en telefoon, staat blank. Journalisten en perskamermedewerkers kunnen maar net op tijd alle stekkers van de telefoons en laptops lostrekken. Schoonmakers komen met doekjes, zwabbers, heteluchtblazers en een soort waterzuigers de perskamer drogen. Concullega Ronald van Dam (Formule 1, Canal+) lijkt een van de grootste pechvogels te worden als hij zijn laptop niet kan opstarten. Maar even later klaart zijn gezicht op. Elders in de paddock krijgt hij een andere computer aangeboden. In een ruimte die wordt bevolkt door bloedmooie meiden van telecombedrijf Telefonica. Laat die Van Dam maar schuiven; die komt altijd wel weer op zijn pootjes terecht.
De regen en Jos Verstappen zorgen ervoor dat de Braziliaanse race een hoogtepunt wordt in mijn tv-carrière. Als de start van

de wedstrijd door de hevige regenval wordt uitgesteld loop ik naar de uitgang van de pitstraat. Naar Jos. Hij begint de race vanuit de pitstraat en zit in zijn Minardi klaar om aan de wedstrijd te beginnen. Ik zoek oogcontact met hem en als hij mij vanuit zijn helm ziet staan gebaar ik met de microfoon. Jos vindt het prima even een interview te doen. Onvoorstelbaar, want hij kan iedere seconde te horen krijgen dat de race begint. Ik ga op mijn knieën naast de auto van Jos zitten. In een grote plas Braziliaans regenwater, dat zonder ophouden blijft neerdenderen uit de hemel. Het maakt mij helemaal niets uit dat ik nat word, want ik heb een interview met een Formule 1-coureur die elk moment aan de race kan beginnen. Een merkwaardige sensatie: Jos zit helemaal klaar in zijn auto, terwijl op misschien tien meter bij mij vandaan een soort muur met samba-dansende Braziliaanse racefans live op televisie te zien is. Jos is verbazingwekkend rustig en lijkt zich totaal niet druk te maken over het rode licht dat elk moment uit kan gaan. Alsof we gewoon aan een tafeltje in het rennerskwartier zitten geeft hij antwoord op mijn vragen. Als ik na het gesprek onder de monteurs doorkruip besef ik dat dit het mooiste is dat ik ooit als RTL-pitreporter heb mogen doen.

Het had volgens Paul Stoddart die dag nog mooier kunnen worden. De altijd iets te optimistische Minardi-baas zegt dat Jos met een strategie de baan op gaat die hem in de punten moet brengen. Omdat Jos uit de pits start is zijn auto volledig aangepast aan de weersomstandigheden. De coureurs die vanaf de grid aan de race beginnen hebben niet aan hun auto mogen sleutelen. Jos gaat inderdaad als een speer, maar vergooit zijn kansen als hij in de 35e ronde van de baan glibbert. De hoop van Minardi wordt de grond in geboord. Jos geeft toe dat het zijn fout was dat hij van de baan gleed, Stoddart is zo sportief dat hij Jos niets kwalijk neemt en zegt en passant dat hij Jos ook in 2004 als coureur wil, maar draaft een beetje door als hij zegt dat Jos in Brazilië had kunnen winnen. Alhoewel, Verstappen had een vergelijkbare strategie als

Giancarlo Fisichella en na de megacrashes van Mark Webber en Fernando Alonso en het voortijdig afvlaggen van de race is Jordan-coureur Fisichella de verrassende winnaar van de Braziliaanse Grand Prix. Al hebben de FIA-officials een paar dagen nodig om dat uit te puzzelen. In eerste instantie wordt Kimi Räikkönen als winnaar uitgeroepen. Kimi is echter tweede. In San Marino, twee weken later, overhandigt een sportieve Räikkönen de beker die hoort bij de Braziliaanse overwinning aan Fisichella. Helaas ontvangt hij op zijn beurt niet de beker voor de tweede plaats van Jordan. McLaren-baas Ron Dennis is daarover terecht wat pissig. Als hij aan het eind van het seizoen terugrekent zal Dennis zien dat Räikkönen ook met de tien punten voor een overwinning in Brazilië geen wereldkampioen zou zijn geworden. De Fin zou net zoveel punten hebben gehad als Schumacher, maar minder races hebben gewonnen.

Michael is ook maar een mens

"Karten is leuker", grapt Jos Verstappen als ik hem in 2000 tegenkom bij de Grand Prix in Imola. Het is mijn eerste Grand Prix en de eerste keer dat ik Verstappen tegenkom terwijl hij aan het werk is als Formule 1-coureur. Ik heb Verstappen begin 1998 leren kennen, in de tijd dat hij voor Honda aan het testen was. Ik kwam Jos tegen bij een kartrace in het Italiaanse Lonato. Als journalist schreef ik veel over karting. Bijvoorbeeld over jonge talenten zoals Fernando Alonso, Jenson Button, Kimi Räikkönen en Nicolas Kiesa, overigens toen al een aardige en goed Engels sprekende kerel. Jos Verstappen is in Lonato, omdat hij samen met zijn vader via de kartshop in Montfort weer steeds fanatieker werkt als monteur en teambaas. Het allereerste contact met Jos is gelijk plezierig. Hij is nou eenmaal een doodnormaal persoon. Sterallures kent hij niet.

Ik leer Jos in die tijd redelijk goed kennen, maar kijk toch wel even raar op als ik hem in 2000 op Imola in zijn Arrows-overall zie lopen. Maar het is toch echt dezelfde Jos, net zo normaal als altijd. Het is de eerste keer dat ik namens RaceReport bij de Grand Prix van San Marino ben, maar het is niet mijn eerste keer op Imola. Bij mijn eerste bezoek werd de race afgelast, omdat de coureurs de baan te gevaarlijk vonden en in staking gingen. Het was een ronde voor het Europees kampioenschap karting 1998. Om de kartsport wat meer aandacht te geven was er een kartcircuit uitgezet met de start op het rechte stuk, vervolgens naar rechts de pitstraat in en even later de pitstraat uit, om via de chicane voor het rechte stuk de ronde te voltooien. Leuk verzonnen, maar helaas werkte het niet. De karts gingen veel te hard en de veiligheidsvoorzieningen waren beroerd. De rijders in de Formule Super A, de Formule 1 van de kartsport, weigerden te racen. Er was één coureur die dat wel wilde en die woedend was op zijn collega's, omdat die de wedstrijd niet door lieten gaan: Kimi

Räikkönen. Hij was ook de enige die er bij de vrije training vol tegenaan ging. Räikkönen was op dat moment bezig met zijn eerste professionele kartjaar. Dat had hij te danken aan Marjan Andeweg, werkzaam voor de kartafdeling van Bridgestone. Zij had Kimi in 1997 onvoorstelbare dingen zien doen op een oud kartje en stelde aan haar baas Kees van de Grint (tegenwoordig namens Bridgestone gestationeerd bij het Ferrari Formule 1-team, maar ook nog actief in de kartsport) voor om Kimi mee te laten doen met de bandentest die normaal waren voorbehouden aan de fabrieksteams. Dat was het moment waarop Räikkönen werd ontdekt. Hij ging in Vlaardingen wonen bij kartteameigenaar Peter de Bruijn (die in 1980 wereldkampioen karting werd door ene Ayrton Senna te verslaan), voordat hij een bliksemcarrière maakte op weg naar de Formule 1. Räikkönen werd daarbij gesteund door de Nederlandse rijderscoach Gerrit van Kouwen (voormalig Formule Ford-, Formule 3- en toerwagentopper) en de managers Harald Huysman en vader en zoon David en Steve Robertson. Dezelfde mensen die Jenson Button (ook een succesvol karter) naar de Formule 1 brachten. Huysman is tegenwoordig manager van de Est Marko Asmer, die in 2003 nog in de Formule Ford reed maar al wel een aantal tests heeft mogen doen voor het Williams Formule 1-team.

Steve Robertson is woedend op mij als ik in september 2000 een mooi verhaal schrijf over Kimi en hem introduceer als de volgende Vliegende Fin, maar daarin wel de kanttekening plaats dat de Fin nog heel wat heeft te leren op pr-gebied. Zo lijkt het mij niet verstandig als hij tijdens het eten met sponsors boertjes blijft laten. Engelsman Robertson denkt dat er in mijn Nederlandstalige verhaal een aanval op het management van Kimi wordt gedaan. Dat is niet waar, maar Robertson reageert door woedend naar het RaceReport-kantoor te bellen. Op dat moment, na het seizoen 2000, zit ik echter nog in Maleisië, waar ik een vakantie heb vastgeplakt aan de laatste

Grand Prix van het seizoen. Net als ik op het punt sta een moskee te gaan bezichtigen in hartje Kuala Lumpur, word ik gebeld door mijn collega Frank Hulshoff op kantoor in Hilversum. "I am going to sue Rick's ass", geeft Frank de letterlijke boodschap van Räikkönens manager door. Hij wil mij aanklagen. Als ik Robertson later een mail stuur en uitleg wat er echt in het verhaal staat, hoor ik verder nooit meer iets.

In tegenstelling tot de kartrace in 1998 komen bij de Formule 1-race in 2003 wel alle coureurs aan de start. Ook de gebroeders Schumacher, terwijl hun 55-jarige moeder de avond tevoren na een wekenlang ziekbed in een ziekenhuis in Keulen is overleden. Ralf en Michael waren in het ziekenhuis aanwezig. Ze hadden al voorafgaand aan het weekend besloten zaterdagmiddag naar hun moeder te vliegen. Zondag staan beide broers gewoon aan de start van de race, al hadden ze behalve met hun team met niemand contact. Ralf wordt vierde, Michael Schumacher start de race vanaf pole-position en wint. In de laatste ronde kan hij zijn tranen niet meer bedwingen. De emoties in de Ferrari-pitbox zijn enorm. Dat dit de laatste race én de laatste zege is van de F2002 interesseert niemand. Het hele team leeft mee met Schumacher. Ferrari laat in Imola zien een hecht team te zijn, dat elkaar ook in moeilijke momenten steunt en met elkaar meeleeft. Kees van de Grint, namens Bridge-stone verbonden aan Ferrari en een belangrijke schakel in het team, heeft het zwaar. Hij kent Schumacher privé ook goed. Tegelijk lijkt hij opgelucht. Michael krijgt in de aanloop naar Imola veel kritiek. Het beste zou eraf zijn. Slechts weinigen wisten dat Schumachers hoofd niet naar racen stond, maar dat zijn gedachten bij zijn moeder waren. Nu weet iedereen waarom Michael de afgelopen races soms wat minder presteerde en af en toe bot reageerde. Zoals in Brazilië. Schumacher glijdt daar van de baan terwijl er met dubbele gele vlaggen wordt gezwaaid. Coureurs moeten dan van hun gas af, omdat er op de baan wordt gewerkt door marshals of omdat er een andere gevaarlijke situatie is.

Michael glijdt echter van het circuit en mist op een haar na een shovel die de auto van de ook al gecrashte Juan Pablo Montoya aan het opruimen is. Mijn pitreportercollega Jack Plooij vraagt Schumacher bij diens terugkomst in de paddock of hij hem wat mag vragen. Als er geen antwoord komt, besluit Jack de Duitser in de uitzending te halen. Als Jack zijn gesprekje wil beginnen, duwt Schumacher de microfoon echter weg. Met een nog bozere blik in zijn ogen dan hij al had. Plooij is zo slim om het incident donderdags in Imola met Schumacher te bespreken. "Ik had 'nee' gezegd. Ik wilde geen vragen beantwoorden", blikt Schumacher dan terug. Als Jack opmerkt dat hij die ontkenning in de hectiek moet hebben gemist en daarvoor zijn excuses maakt, is alles weer goed. Vrijdags hebben de twee een leuk interview.

Zondagmiddag, na de race en de ingetogen podiumceremonie, verschijnt Schumacher niet bij de persconferentie. Hij wordt vervangen door teambaas Jean Todt. "Het was Michaels eigen keuze om te racen. Ferrari zou hem nooit dwingen. Ik ben trots op Michael. Hij heeft vandaag laten zien meer te zijn dan alleen een topcoureur."

Fan van Fernando

Als voorzitter van de niet-bestaande Fernando Alonso Fanclub kijk ik met veel plezier terug op de Spaanse Grand Prix. Ik roep al jaren tegen mijn collega's dat Alonso een hele grote wordt (vandaar dat ze mij tot voorzitter van de fanclub hebben benoemd) en het is altijd leuk als je gelijk krijgt. Ik ben fan van Fernando sinds 27 juli 1997. Een piepjonge Alonso is op het kartcircuit in het Belgische Genk op weg naar het wereldkampioenschap karting bij de junioren. De Spanjaard is door niets of niemand bij te benen. Alonso is de snelste in de kwalificatie, wint alle acht kwalificatieheats, is de snelste in de halve finale en de snelste in de finale. Tot hij een curbstone raakt en spint. Alonso mist de kracht om op het met plakkerig rubber bedekte Belgische asfalt zijn kart weer aan te duwen. Dag wereldtitel. Ook in de jaren daarna haalt Fernando geen grote titels. Hij heeft veel pech. Zo wil zijn kart bij de finale van het wereldkampioenschap in 1998 niet starten door een kapotte ontsteking. Sabotage, beweren boze tongen. Als hij bij een race voor het Europees kampioenschap karting in het Franse Val d'Argenton (als je denkt dat Magny-Cours in the middle of nowhere ligt, ga dan dit circuit maar eens zoeken...) uitvalt, is Fernando zo teleurgesteld dat hij niet uit zijn kapotte kartje wil stappen. De marshals besluiten daarom de kart maar met Fernando en al over de baanafzetting te tillen. Het enige voordeel van Alonso's tegenslag is dat hij leert incasseren. In 1999 combineert hij de karts met het Spaans kampioenschap Formule Nissan, de klasse waarin het voorgaande jaar Marc Gené kampioen is geworden. Alonso wordt diens opvolger. In 2000 promoveert hij naar de Formule 3000, waarin hij veel indruk maakt. Vooral op het altijd lastige Spa-Francorchamps. Tijdens zijn eerste bezoek aan het Ardennencircuit rijdt hij het hele veld zoek. Het enthousiasme onder de vaste volgers is groot, maar Alonso lijkt het allemaal niet zoveel uit te maken. Hij staat op het podium met een gezicht van: "Doe maar rustig, dit is pas Formule 3000. Dat doet mij niets. Ik wil naar de Formule 1." Dankzij Flavio Briatore krijgt hij die kans.

Briatore herkent het talent van de Spanjaard en haalt hem in 2001 voor vijf jaar naar Renault, dat dan nog rijdt onder de naam Benetton. Alonso wordt tijdens de teampresentatie van Benetton gepresenteerd als testcoureur, maar wordt een paar uur later ondergebracht bij Minardi. Daar krijgt Fernando de kans ervaring op te doen. Hij maakt opnieuw indruk. En zorgt voor een komisch hoogtepunt in mijn bestaan als pitreporter voor RTL. Als ik tijdens de Britse Grand Prix in de pits sta zie ik de zwarte Minardi van Alonso voorbijkomen. Het valt me op dat er iets met die auto aan de hand is. Ik kijk en kijk, maar heb geen idee wat. Het kwartje valt pas 's avonds laat, als fotograaf Frits van Eldik vertelt dat hij een foto heeft gemaakt van een op drie wielen rijdende Fernando Alonso. Als mijn blik verstart vraagt Frits bezorgd wat er aan de hand is. Er is niets aan de hand, behalve dat ik nu besef dat ik een Formule 1-auto met drie wielen voorbij heb zien komen, dat mij dat niet is opgevallen en dat dus ook niet in de uitzending heb gebracht. Had ik mijn mond maar gehouden tegenover Frits, want nog steeds haalt hij deze anekdote aan zodra hij de kans krijgt.

In 2002 komt Alonso niet aan de start in de Grands Prix, maar is hij fulltime testcoureur voor Renault. Hij krijgt veel te maken met John McGill, een Nederlander die test-engineer is bij het blauwgele team. Na een seizoen testen staat Alonso in 2003 dankzij Renault weer op de grid. Vanaf de eerste races van het seizoen rijdt hij rond alsof hij al jaren niets anders gewend is. In Maleisië, de tweede wedstrijd van het jaar, start hij van pole en wordt derde. John McGill kijkt er niet van op. "Ik heb Fernando van dichtbij meegemaakt", zegt hij. "Hij is rustig en slim, maar tegelijk een eigenwijze rebel. In principe de juiste combinatie voor een coureur. Hij is nog jong en we moeten afwachten hoe hij zich ontwikkelt. Als testrijder was hij vrij kort van stof, wat niet ideaal is, maar hij geeft wel altijd volgas en dat is bijvoorbeeld bij bandentests heel gunstig."

Door de successen van Alonso is de Spaanse Grand Prix een van de weinige races waar meer publiek op is afgekomen dan in voorgaande jaren. De Spanjaarden zien een gave race van hun landgenoot, die met slechts vijf seconden achterstand op Michael Schumacher als tweede finisht. Ferrari baalt, al gaat hun F2003-GA in zijn eerste race meteen als winnaar over de streep. De Italianen waren er echter vanuit gegaan dat ze met minimaal een halve minuut voorsprong zouden winnen. Dat plannetje wordt gedwarsboomd door Fernando Alonso, die het de komende jaren Ferrari nog vaker moeilijk gaat maken. Dat doet hij in 2003 al in Hongarije, als hij op weg naar zijn eerste Grand Prix-zege Michael Schumacher een ronde aan zijn broek geeft.

2003 is niet alleen het jaar van de doorbraak van Alonso, maar ook van Kimi Räikkönen. De twee jonge honden hebben dit jaar vast een voorproefje gegeven van hoe de Formule 1 eruit zal zien als zij in de toekomst samen om de wereldtitel strijden. Ik ben ervan overtuigd dat binnen een paar jaar met net zoveel respect over Alonso en Räikkönen zal worden gesproken als over Alain Prost, Ayrton Senna en Michael Schumacher. Absolute topcoureurs. Maar Fernando en Kimi zijn er nog niet. Daarvoor wisselen ze hun briljante acties nog te vaak af met domme fouten. Räikkönen hebben we dit jaar meerdere keren van de baan zien schuiven. In Spanje was de Fin ook niet goed bezig. In de kwalificatie verloor hij de controle over zijn wagen en brak hij zijn vliegende ronde af na een uitstapje door het grind. Vervolgens moest Kimi de race als allerlaatste starten en ontdekte hij tot zijn schande dat zoiets heel anders is dan een race beginnen vanuit het middenveld of vanaf een van de eerste rijen op de grid. Na 55 meter en 33 centimeter, zoals Olav Mol het beeldend omschreef, was de race van Kimi over. Hij had zijn auto in puin gereden op de stilstaande bolide van Antonio Pizzonia en verloor letterlijk en figuurlijk in één klap zijn kans om voor de vijfde achtereenvolgende keer op het podium te finishen of op zijn minst punten te pakken. Want daartoe was Kimi absoluut in staat geweest. In Barcelona was het daarom Alonso's beurt om te stralen. Het vaandel van 'wereldkampioen in de maak' werd probleemloos overgenomen door de Renault-coureur. Maar hem hebben we vóór Barcelona ook domme dingen zien doen. In Brazilië reed hij zichzelf zo ongeveer doormidden op de brokstukken van de Jaguar van Mark Webber, terwijl er over het hele circuit met gele vlaggen werd gezwaaid en zijn team over de radio had gemeld dat hij voorzichtig moest zijn. Eén minuut vijftien nadat Webber was gecrasht, reed Alonso op de Jaguar-wrakstukken in. Dom. Maar ook onderdeel van het leerproces op weg naar de geschiedenisboeken van de Formule 1. Daarin kan alvast ruimte worden gemaakt voor de heren Kimi Räikkönen en Fernando Alonso, beiden vóór in de twintig en gezegend met een bovennatuurlijke dosis talent.

Het rubberconflict

Greg Wheeler is vriend én engineer van Jos Verstappen; hij is de schakel tussen Jos en de rest van het team. De Zuid-Afrikaan praat graag over zijn werk en is openhartig. In Barcelona is hij iets te openhartig en dat zorgt voor opnieuw een fiks meningsverschil tussen Minardi en Bridgestone. "Onder normale omstandigheden zouden wij naar Bridgestone lopen en zeggen welke band wij willen, gebaseerd op onze data", zegt Wheeler na de Spaanse Grand Prix tegen mij. "Op het moment hebben wij echter geen inspraak in de keus van onze banden. Dat heeft te maken met politiek. Bridgestone geeft ons een band en daarmee moeten we het doen. Ik vind dat ze daar geen recht toe hebben. Bridgestone is niet gekwalificeerd en gerechtigd ons te vertellen welke banden wij moeten gebruiken. De bandensituatie zorgt momenteel voor felle discussies met Bridgestone. We proberen met ze te praten en ik geef ze informatie, maar op het moment heb ik geen goed gevoel over de situatie. Onze auto is ook nog eens ontworpen rond Michelin-banden. Die zijn beduidend anders dan de Bridgestones. Het is een ramp. Motor, aërodynamica en banden maken een Formule 1-auto snel. Banden zijn zeer belangrijk. Ik weet dat Bridgestone een prachtig bedrijf is. Ze maken fantastische banden. Maar om eerlijk te zijn weet ik niet wat voor band wij nodig hebben. En als ík het niet weet, weet Jos het niet en is er helemaal geen mogelijkheid om uit te vinden wat voor banden we nodig hebben. En toch proberen ze ons dat wijs te maken. Voor mij is de oplossing dat we naar het circuit van Mugello gaan om te testen. Samen met Bridgestone. Als wij vijf verschillende typen banden krijgen, hebben we aan twee rondjes met iedere band al genoeg om te weten welke geschikt is voor onze auto. Ik kan Bridgestone in een richting sturen die voor onze auto geschikt is. Pas na zo'n test is het ook zinnig dat Bridgestone ons vertelt wat wij moeten doen." Ik schrijf zijn woorden ijverig op en publiceer ze in RaceReport. De Japanse bandenfabrikant is niet blij met de uitspraken van Wheeler. Jos Verstappen vraagt in Oostenrijk om een exemplaar van RaceReport en vertaalt het verhaal woord voor woord, zodat Wheeler, teambaas Paul Stoddart en teammanager John Walton weten wat we hebben gepubliceerd. Wheeler bevestigt dat hij het precies zo heeft gezegd als het er staat. Stoddart vraagt later vriendelijk glimlachend aan RaceReport of wij hem kunnen helpen door niet meer zoveel over de samenwerking met Bridgestone te schrijven. In een gesprek met het management en de technici van Bridgestone weet Jos de ruzie enigszins te sussen en Bridgestone toont zijn goede wil door vooral tijdens de vrijdagochtendtest regelmatig met een grote delegatie technici naar Minardi te gaan. Olav Mol verbaast zich erover dat Minardi als enige team voor de banden moet betalen, maar niet die banden krijgt die de technici en Verstappen nodig hebben. "Wij kunnen banden produceren voor Minardi, maar dan moeten zij hun auto modificeren. Wij moeten investeren, zij ook", zegt Bridgestone-topman Hiroshi Yasukawa tegen Mol. Hij heeft gelijk. "Wij doen ons best voor Minardi, maar Minardi heeft niet getest. Bovendien dachten wij dat ze bij Michelin zouden blijven. We waren verrast dat ze naar ons overstapten, maar we doen wat we kunnen. Ik denk dat wij ze goede banden geven, maar het zou helpen als ze zouden testen." Daarvoor is bij Minardi echter geen budget.

Maar waarvoor wel? De monocoques kunnen niet worden vervangen. Aan het eind van het seizoen 2003 heeft de monocoque van Jos Verstappen achttienduizend kilometer afgelegd. Belachelijk veel. De ophanging, veren en dempers dateren van 2001 en zijn ontwikkeld voor Michelin-banden. De velgen zijn al sinds 2000 in gebruik. Pas als Minardi vijf auto's en een fors aantal onderdelen heeft gekocht van het failliete Arrows, krijgt Verstappen de beschikking over andere velgen en kunnen er af en toe wat onderdelen worden gemaakt. John Walton in het Verstappen Fanclubblad *Dutch Devil*: "Het was een goede deal om vijf auto's plus alle spullen te kopen. Het zou dom zijn geweest als we het niet hadden gedaan. Zeker gelet op de financiële situatie van Minardi en onze beperkte voorraad reserveonderdelen was de aanschaf van de Arrows-spullen een goede investering. Nu konden we een halfjaar of misschien wel langer putten uit de voorraad van Arrows. Voor Formule 1-begrippen hebben we niet veel geld hoeven te betalen. Het is ook niet ten koste gegaan van de ontwikkeling van de PS03. Integendeel. Dankzij de Arrows-deal hadden we bijvoorbeeld de beschikking over een grote hoeveelheid carbon, zodat we onderdelen konden maken voor de Minardi. We hebben nieuw bodywork en vleugels gemaakt; dat hadden we anders niet kunnen doen. Uiteraard waren de Italiaanse ontwerpers van Minardi in het begin sceptisch en vroegen ze zich af waarom we buiten de deur materiaal hadden aangeschaft. Ze begrepen echter dat het een financiële reden had."

Later zal Jos zeggen dat de Bridgestone-banden in het begin van het seizoen problemen gaven, maar dat het daar later in het jaar absoluut niet aan heeft gelegen. Het grootste probleem was volgens Verstappen de auto zelf en het niveau van sommige personeelsleden van Minardi. In Oostenrijk komt Jos maar een paar meter ver. De elektronica hapert en is en blijft het hele jaar een probleem.

De val van Montoya

Als ik naar de grid van Monaco ben gestrompeld kan ik echt niet meer. Kokhalzend en helemaal naar de kloten besluit ik dat ik deze keer niet mee kan doen aan de uitzending van RTL. Het is anderhalve week na de operatie aan een tumor bij mijn kaak en ik heb de vijf uur durende ingreep kennelijk nog in mijn lichaam zitten. Gelukkig is Jack Plooij in de buurt. Ik ken Jack nauwelijks als wij in 2001 samen als pitreporter aan de slag gaan. Hij komt in eerste instantie op mij over als een zorgeloze levensgenieter, maar al snel ontdek ik dat Jack meer in zijn mars heeft. Als mens, als dokter en als collega. Jack is extraverter dan ik; we vullen elkaar goed aan. Jack stopt wat meer entertainment in zijn verhalen, ik ben wat rustiger. Jack is beter in interviews met coureurs terwijl er tientallen collega's ongeduldig om hem heen staan te duwen en te trekken, ik weet wat meer van de historie en de achtergronden van de sport. Ik kan niet tegen bloed, Jack heeft dankzij zijn opleiding tot arts heel wat collega's in de paddock geholpen. Hij heeft kapotte vullingen gerepareerd van Arrows-monteurs, collega's met zeer ernstige gezondheidsklachten bijgestaan en houdt mij in de gaten na de operatie die ik vlak voor Monaco heb ondergaan.

Ik ben geen fan van de race in Monaco, want er komen naar mijn smaak te veel mensen op af die helemaal niet geïnteresseerd zijn in de autosport, maar slechts in het luieren, drinken en feesten op de luxejachten. Aan de andere kant zorgen die jachten wel voor een leuk plaatje en voor een feestelijke stemming in de stad. En wie weet zitten er onder degenen die eigenlijk voor een feestje kwamen misschien wel mensen die door hun bezoek aan Monaco verslingerd raken aan de autosport. Wat ook leuk is: op geen circuit ter wereld kan je zo dicht naast de baan staan als in Monaco. Maar het is tegelijk bloedlink. Een Formule 1-circuit met een tunnel waar de coureurs met driehonderd kilometer per uur doorheen denderen, op nog geen meter afstand van de fotografen. Levensgevaarlijk. Vraag maar aan Jenson Button. Maar als je de kille cijfers in ogenschouw neemt, valt het aantal coureurs dat op het circuit van Monaco dodelijk is verongelukt echter mee. In 1962 overlijdt een marshal als hij is geraakt door onderdelen van een gecrashte auto. Lorenzo Bandini sterft tijdens de race in 1967. Op precies hetzelfde punt als waar Jenson Button in 2003 crasht ontsnapt Karl Wendlinger in 1994 op het nippertje aan de dood. Na die klap wordt Wendlinger als coureur nooit meer de oude. De snelheid is relatief laag en daarom, wordt er gezegd, gebeurt er op Monaco haast nooit iets ernstigs. Toch rijden alle coureurs gemiddelde racesnelheden van ver boven de 150 kilometer per uur. Voor Formule 1-begrippen is dat langzaam, maar voor een stratenrace in een tegen de bergen aangeplakt en volgebouwd dorp blijf ik het gevaarlijk vinden. Het publiek zit pal naast de baan. Als er wat stukjes carbon de tribunes in vliegen, kan dat al vervelende consequenties hebben. De feestvierders (en fans) op de boten lopen minder gevaar. De jachten worden voor de start van de race vijftien meter van de kade geduwd, zodat een auto die over de vangrail vliegt veilig de plomp in kan storten. In een tijd van hightech baanafzettingen, superveilige auto's en het HANS-systeem blijft Monaco een vreemde eend in de bijt. Maar daardoor ook weer boeiend. Al ontgaat mij dat dit jaar door de naweeën van de operatie.

Ik heb maar een paar goede herinneringen aan Monaco 2003. Zo ontdek ik als ik mij op de grid voorbereid op de race, dat ik naast U2-zanger Bono wandel en kort tevoren heb ik de zoon en een van de voormalige echtgenotes (de Nederlandse Sylvia Tamsma) van mijn jeugdheld Nelson Piquet ontmoet. Nelson junior maakt in Monaco een verwende indruk op mij, maar als ik hem een paar maanden later tijdens de Marlboro Masters opnieuw ontmoet is dat anders. Het zal voor zo'n achttienjarige jongen ook niet meevallen de zoon van een legende te zijn. Al zegt hij er zelf geen last van te hebben. Het bezoek van Frank Williams aan een race voor het Brits kampioenschap Formule 3 maakt op de jonge Piquet veel meer indruk, zegt hij. Hij verknalt prompt zijn start. Toch doet Nelsinho het in 2003 erg goed. Geholpen door een enorm aantal testkilometers wordt hij in het Brits kampioenschap Formule 3 derde. De Zuid-Afrikaan Alan van der Merwe wordt kampioen. Hij blijkt goed Nederlands te spreken, doordat hij een aantal jaren hier heeft gewoond. Piquet junior heeft naast de Braziliaanse ook de Nederlandse nationaliteit, maar spreekt geen woord Nederlands. Piquet eindigt de Marlboro Masters als tweede, achter Christian Klien, die goede kansen maakt om in 2004 op de een of andere manier voor Jaguar aan de slag te gaan, dankzij het sponsorgeld van energiedrankenfabrikant Red Bull. Klien is Oostenrijker, Red Bull-baas Dieter Mateschitz ook. Nelson Piquet junior blijft Formule 3 rijden en krijgt waarschijnlijk een testcontract bij Williams.

Als de jonge Piquet zijn droom in vervulling ziet gaan, treedt hij in de voetsporen van Juan Pablo Montoya, de Colombiaan die furore maakt bij Williams. Montoya wint in Monaco eindelijk weer eens een race, voor het eerst sinds de Grand Prix van Italië in 2001. De vreugde in het Colombiaanse kamp is groot. RaceReport-fotograaf Frits van Eldik probeert vanaf een muur de feestelijke taferelen vast te leggen, maar wordt gehinderd door een toeschouwer die steeds aan zijn arm hangt. Als Van Eldik (lichaamsbouw: zeer groot en zeer breed) daar genoeg van heeft geeft hij de man een duw, waarop die van het muurtje valt. Pas als Van Eldik genoeg foto's heeft gemaakt ziet hij wie de man is die hij opzij heeft geduwd: de vader van Juan Pablo Montoya. Van Eldik verontschuldigt zich, Montoya senior kan er wel om lachen. Zijn zoon heeft gewonnen, de rest is bijzaak. Juan begint in Monaco aan een indrukwekkende serie. Van Monaco tot en met Italië staat hij na de race steeds op het podium. Is het toeval dat de successen van Juan gelijke tred houden met de nieuwste ontwikkeling

Michelin-voorbanden? De Fransen geven Williams in Monaco voorbanden die tijdens de race uitdijen naar meer dan de 270 millimeter die zijn toegestaan. De extra hoeveelheid grip die dat oplevert komt de Williams-auto's goed van pas en zorgt ervoor dat de bandenoorlog na Monaco verder oplaait. In Magny-Cours, vijf weken later, is er gedoe rond de servicetruck van Bridgestone, waar een Michelin-medewerker iets te veel interesse toont voor de banden van Rubens Barrichello. Ook zou Michelin geprobeerd hebben tweespalt te zaaien tussen Ferrari en Bridgestone door te roepen dat Bridgestone ontevreden is over Ferrari's testcoureur Felipe Massa. Helemaal bizar wordt het als de monteurs van Michelin-teams Williams en McLaren elkaar in Magny-Cours te lijf gaan. De teams hebben in Frankrijk ieder de beschikking over een ander soort banden en proberen de serienummers daarvan voor elkaar verborgen te houden. McLaren denkt dat Williams in Frankrijk de in Monaco geïntroduceerde bredere voorbanden heeft en zij niet. Dat zou een verklaring kunnen zijn voor de uitslag van de Franse Grand Prix. De Williams- en dus Michelin-coureurs Ralf Schumacher en Juan Pablo Montoya worden respectievelijk eerste en tweede. McLarens eerste rijder Kimi Räikkönen komt niet verder dan plek vier, op ruim een halve minuut van Ralf Schumacher. David Coulthard wordt vijfde. Na de Hongaarse Grand Prix worden de bredere Michelins verboden. Michelin-coureurs hebben dan vanaf Monaco vijf van de zeven Grands Prix gewonnen. Prompt worden de resterende drie races gewonnen door de met Bridgestone geschoeide Ferrari's. Michael Schumacher haalt het wereldkampioenschap naar zich toe door overwinningen in Monza en Indianapolis, Barrichello zegeviert in Suzuka. Ferrari pakt ook de wereldtitel bij de constructeurs.

De jongensdroom van Stoddart

Op de eerste foto's die RaceReport van Paul Stoddart plaatst straalt hij van oor tot oor. Het is april 2000. Stoddart is de drijvende kracht achter het Arrows Formule 3000-team, sponsor van het Arrows Formule 1-team én degene die tijdens de Grands Prix het pitbord van Jos Verstappen bedient. Stoddart heeft het op de circuits naar zijn zin. Hij heeft nog geen idee wat voor problemen hij zichzelf allemaal nog op de hals gaat halen. Nadat hij Australië heeft verruild voor Groot-Brittannië heeft Stoddart een fortuin vergaard met zijn luchtvaartmaatschappij European Aviation en in de automotive business. In zijn vrije tijd racet Stoddart met de Tyrrell van Jos Verstappen uit 1997 in de BOSS-klasse, een Brits kampioenschap voor overjarige Formule 1-bolides. 'Stoddie' bezit een groot aantal Tyrrells en heeft plannen een Tyrrell-cup te organiseren. In 1998 neemt Paul Stoddart al het materiaal en personeel over van het noodlijdende Tyrrell (in 2003 haalt hij een vergelijkbare truc uit als hij als Minardi-baas veel onderdelen koopt van het failliete Arrows) en besluit na een flirt met Jordan om voor het seizoen 2000 onderdelen te fabriceren voor het Arrows Formule 1-team, zijn eigen Formule 3000-team te runnen (met Christijan Albers en Mark Webber) en drie of vier Arrows-tweezitters te bouwen. Op de vraag of hij ooit een Formule 1-team gaat beginnen antwoordt Stoddart: "We hebben het voordeel dat ons bedrijf al op Formule 1-niveau werkt. Om in de Formule 1 aan de slag te gaan zouden we een bestaand team moeten overnemen, omdat er in principe geen nieuwe inschrijvingen meer worden geaccepteerd. De Formule 1 is belachelijk duur en als ik erin stap wil ik zeker zijn dat ik waar voor mijn geld krijg. Ik ben momenteel erg tevreden over de samenwerking met Arrows. We zien wel wat er later gebeurt."

Er gebeurt heel veel. Zes weken voor de start van het Formule 1-seizoen 2001 koopt Stoddart het noodlijdende Minardi.

Stoddart zet alles op alles om Minardi in Melbourne, zijn geboortegrond, aan de start te krijgen. Dat lukt. Voorafgaand aan de start van het seizoen wordt er door de Minardi-technici veel heen en weer gevlogen tussen de fabriek in Faenza, waar de Minardi's in elkaar worden gezet, en het Engelse Ledbury, waar de meeste onderdelen worden gemaakt. Omdat Stoddart nog steeds de beschikking heeft over een eigen vliegtuigmaatschappij is dat een kleine moeite. Om de kosten te drukken heeft Stoddart een slimme oplossing. "Een vliegtuigmaatschappij is verplicht zijn piloten een bepaald aantal oefenvluchten per jaar te laten maken. Vluchten die geen onderdeel zijn van het gewone vliegschema. De tripjes van en naar Faenza bleken een prima oefenroute voor mijn piloten. 'Toevallig' hadden ze iedere keer onderdelen van het Formule 1-team aan boord", glimlacht Stoddart, die bekent dat hij ook wel eens een van zijn vliegtuigen heeft 'misbruikt'. "We hebben een Boeing 737 heen en weer laten vliegen tussen Melbourne en Engeland. Om twee uitlaatklemmen op te halen."

Stoddarts luchtvaartcapriolen zijn een verhaal apart. De sfeer aan boord van de vliegtuigen van European Aviation die worden ingezet om Formule 1-personeel naar de circuits te brengen is... Hoe zeg je dat? Laten we het omschrijven als: anders. Er hangt af en toe wat vrouwenondergoed in de cockpit en European Aviation is zo ongeveer de enige luchtvaartmaatschappij waar aan boord nog mag worden gerookt. Zelfs in de cockpit mag worden gepaft. Dat is waarschijnlijk omdat Stoddart niet zonder sigaretten kan, zelfs niet als hij een van zijn eigen vliegtuigen bestuurt, wat hij nog regelmatig doet. Net als in de Formule 1 doet Stoddart ook in de luchtvaart wat hij zelf het prettigst vindt. Zo vertrok hij ooit op zeer spectaculaire wijze met een Boeing 747 van het vliegveld van Bournemouth. De startbaan was eigenlijk te kort voor de Jumbo. Daarom werd het gevaarte helemaal naar het begin van de baan geduwd, waarbij het achterste deel van de Boeing bijna in de moestuintjes hing die om Bournemouth heen liggen. De passagiers moesten zoveel mogelijk achterin gaan zitten en hop, daar ging de Boeing de lucht in.

Dergelijke acties passen in de jongenswereld van Paul Stoddart, wiens Formule 1-droom bij vlagen verandert in een nachtmerrie. Stoddart krijgt nogal wat tegenslag over zich heen en laat zich daar openhartig over uit. Bijvoorbeeld over het vertrek van ontwerper Gustav Brunner, die onverwacht is gezwicht voor het vele geld dat hij krijgt aangeboden door Toyota. Als ik Stoddart hier tijdens de Canadese Grand Prix in 2001 naar vraag spuwt hij vuur. "Brunner behoort tot de laagste soort mensen die er rondloopt", laat hij in RaceReport noteren. "Het soort mensen dat geen respect voor anderen, de wet en contracten heeft. Ik heb niet meer met hem gesproken en zal dat ook nooit meer doen. Brunner koos voor het geld en liet ons vallen, terwijl hij een contract had. Dat is fout. Toyota-baas Ove Andersson is een leugenaar. Ik ben niet geïnteresseerd in wat hij te vertellen heeft. Ook hij is iemand aan wie ik geen tijd wil besteden. Toyota laat zien hoe lelijk het zakendoen in de Formule 1 is. Alles wat ze ooit zullen bereiken hebben ze te danken aan geld. Dat gebeurt te vaak in de Formule 1. Geld speelt voor bedrijven als Toyota blijkbaar geen rol meer. Daarmee bedreigen ze de toekomst van de Formule 1. Ik werk al jarenlang in de luchtvaart en daarvan wordt gezegd dat het een keiharde business is. Vergeleken met de Formule 1 is de luchtvaart echter kinderspel." Harde woorden, maar Stoddart is in het gesprek nog veel duidelijker geweest en werd zeer grof in de mond. Die woorden neem ik echter niet op in mijn verhaal voor RaceReport.

Als journalist moet je soms je bronnen in bescherming nemen. Ik doe dat met Stoddart omdat ik denk dat hij mij in de toekomst nog wel vaker in vertrouwen wil nemen. Dat blijkt een goede gok, want in de tijd dat Arrows wankelt en uiteindelijk omvalt is Paul Stoddart voor mij een belangrijke bron. Vooral als aan het einde van de zaterdag van een Grand Prix-weekend de rode wijn op tafel komt en de sfeer ontspannen wordt. Ook als het gaat om de verdeling van de televisiegelden van het overleden Prost Grand Prix, het plan van Tom Walkinshaw om onder de naam Phoenix een nieuw team te starten en het zogenaamde *fighting fund*, waarmee de grote teams hun kleine broeders in 2003 hadden moeten ondersteunen, is Stoddart openhartig. Soms schiet Stoddart ook in het openbaar uit zijn slof. Zoals tijdens de persconferentie bij de Canadese Grand Prix in 2003, waar hij een aantal collega-teambazen voor schut zet door openlijk te vertellen welke beloftes er allemaal niet zijn nagekomen, waardoor Minardi extra in de problemen is geraakt. Stoddart wordt gezien als de grote winnaar van de nu al legendarische persconferentie, maar het kost hem wel veel energie. Twee weken later, in Frankrijk, staat hij op instorten. "De druk waaronder hij moet werken begint hem parten te spelen", vertrouwt een bezorgde Minardi-medewerker mij toe.

Als baas van het kleinste team in de Formule 1 preekt Stoddart natuurlijk voor eigen parochie, maar hij is door zijn openhartigheid wel een verademing in de Formule 1. Stoddart is ook de enige teambaas op wie je zomaar af kunt stappen en aan kunt schuiven voor een persoonlijk gesprek. Omgekeerd doet hij dat ook. Als Jos Verstappen in 2003 in Indianapolis zijn hart lucht en ik de woorden van Jos opschrijf in Race-Report, is Stoddart boos. In de paddock van Suzuka, hangend over een aantal bandenstapels, praten Stoddart en ik de kwestie uit. Met welke andere teambaas kan dat? Stoddart heeft sinds zijn aantreden bij Minardi heel wat krassen op zijn ziel gekregen, heeft fouten gemaakt en is veel geld verloren, maar wat mij betreft blijft Stoddart voor altijd in de Formule 1. Hopelijk zien we hem dan ook weer eens net zo tevreden lachen als in de RaceReport uit 2000.

Een middelvinger naar de camera

Grotere tegenpolen dan Paul Stoddart en McLaren-baas Ron Dennis zijn er niet. Stoddart is de soms wat naïeve racefreak die keihard knokt om het kleine Minardi te laten overleven, Ron Dennis is de zakenman die een imperium heeft opgebouwd waar het McLaren Formule 1-team maar een onderdeel van is. In tegenstelling tot Stoddart is Ron Dennis lastig aan te spreken en laat hij nooit het achterste van zijn tong zien. Al gaat Dennis de confrontatie met de pers niet uit de weg. Elk Grand Prix-weekeinde organiseert McLaren op zaterdagmiddag een bijeenkomst met de naam *Meet the team*, waar de pers vragen kan stellen aan Kimi Räikkönen, David Coulthard, Mercedes-topman Norbert Haug en Ron Dennis. Veel nieuws komt er nooit uit die bijeenkomsten, maar ze zijn wel boeiend om mee te maken. Räikkönen en Coulthard zijn alleen de eerste minuten van de bijeenkomst aanwezig. Coulthard heeft er geen enkel probleem mee de journalisten te woord te staan en is in vergelijking met Räikkönen een verademing. De jonge Fin moet er nog steeds niets van hebben, al gaat het spreken met de pers hem door de lessen van McLarens persdame Ellen Kolby wel steeds beter af. Coulthard is echter een soort grote broer, die de vragen beantwoord die niet specifiek zijn bedoeld voor een van de coureurs. Ron Dennis wil zijn oogappel Kimi ook nog wel eens te hulp schieten. Norbert Haug wordt tijdens deze bijeenkomsten regelmatig gebeld en zit ook nog wel eens te sms'en. Hij lijkt schijt te hebben aan de journalisten. Voor een oud-journalist is dat merkwaardig gedrag. Haug is sowieso een vreemde. Voor de Duitse pers heeft hij altijd tijd, voor overige journalisten is het veel moeilijker om Haug te pakken te krijgen.

Duitsland is volgens mij ook het enige land waar Haug (die 's avonds, na wat bier, een enorm feestbeest kan zijn) populair is. Voorafgaand aan de Grand Prix van Europa op de Nürburgring laat hij zich in 2003 vlak voor de rijderspresentatie voor de hoofdtribune uitgebreid toejuichen. Hoe er in Nederland over hem wordt gedacht zal Haug worst zijn. Het is alsof hij een hekel heeft aan Nederlanders. Als een groepje Nederlandse journalisten, dat koffie zit te drinken in het McLaren-motorhome, Haug ziet staan en vraagt of hij een paar minuten aan wil schuiven om wat vragen te beantwoorden, weigert hij. Een Nederlandse journalist die het afgelopen seizoen rustig in datzelfde motorhome zit te ontbijten en een krant zit te lezen, krijgt van Haug te horen dat hij te veel plek inneemt. De journalist wordt zo ongeveer het motorhome uit gekeken. Als een groep Nederlandse journalisten op uitnodiging van de Nederlandse vestiging van Mercedes-moederbedrijf DaimlerChrysler (dat marketingmensen in dienst heeft die het wél goed begrijpen) te gast is bij de DTM-race op de Nürburgring, moppert Haug dat er te veel Nederlanders zijn. Terwijl de Nederlander Christijan Albers in de DTM nota bene formidabel presteert en de race op Zandvoort een jaarlijks hoogtepunt is op de DTM-kalender. Als ik bij Mercedes een verzoek voor een interview met Haug indien, omdat de lezers van RaceReport volgens mij geïnteresseerd zijn in de man en zijn mening over de Formule 1, de Formule 3-motoren van Mercedes (ook voor de Marlboro Masters) en de DTM, wordt dat verzoek niet eens afgewezen maar gewoon genegeerd. Aanvankelijk neem ik me voor later nog eens een poging te wagen, maar uiteindelijk zie ervan af. Haug bekijkt het maar. Overigens zal Haug het niet alleen maar slecht doen. Eerlijk is eerlijk. McLaren doet het goed, de Formule 3-motoren doen het uitstekend, Mercedes domineert in de DTM en er worden nog steeds heel veel Mercedessen verkocht. Haug zal bij veel andere mensen misschien wel de juiste snaar weten te raken.

Met Ron Dennis heb ik een haat-liefdeverhouding. Aan de ene kant vind ik hem een ijskoude zakenman die alleen denkt aan het grote geld en een overdreven perfectionist is. Dat uit zich niet alleen in de klinische hospitality-unit, de overdreven strakke thuisbasis van McLaren in Engeland en de kille kleuren in de pitbox (in Silverstone liet McLaren daar ooit een marmeren vloer leggen), maar ook in het privéleven van Dennis, die naar verluidt twee keer per jaar het grind van zijn tuin laat wassen. Aan de andere kant geeft Dennis op iedere vraag antwoord. Al is dat soms wel in *Ronspeak*, zoals dat door de Formule 1-journalisten wordt omschreven. Een enorme woordenbrij waarin eigenlijk niets wordt gezegd. Dennis verschijnt in 2003 drie keer voor de RTL-camera. In Imola, waar Jack Plooij met hem praat, na de pole-position van Kimi Räikkönen op Indianapolis, als ik hem kort interview, en in Monza, waar Olav Mol een fors aantal lezersvragen op Dennis afvuurt voor de Pitspost. De manier waarop dat item wordt gemaakt is Ron Dennis ten voeten uit. Eerst wordt het gesprek een aantal keer uitgesteld, omdat hij belangrijkere zaken aan zijn hoofd heeft. Vervolgens verschijnt Dennis een kwartier voor het begin van de vrije training op zaterdagochtend. Hij weet dat na vijftien minuten de motoren worden gestart en het te lawaaiig wordt om het item te vervolgen. In het kwartiertje dat hij voor RTL heeft uitgetrokken laat Dennis zich echter van zijn allerbeste kant zien. Sympathiek, met mooie woorden voor de legende Ayrton Senna en een leuke anekdote over de keer dat hij een McLaren-personenwagen in puin reed. Maar bij de laatste vraag krijgen we toch nog even de andere kant van zijn persoonlijkheid te zien. Als Olav hem een vraag stelt over het verre verleden, waarin hij twee Nederlanders benaderde om een aandeel te nemen in McLaren, begint hij te draaien. De vraag heeft betrekking op de periode rond 1980, maar Dennis zegt dat hij het vreemd vindt dat deze twee individuen een aandeel in het team denken te verwerven als zij een McLaren GTR bij hem kopen (waarover zij inderdaad ook contact hebben gehad). De klantenversie van de GTR kwam pas in 1995 op de markt. Ook dat is Ron Dennis.

Jos Verstappen rijdt op de Nürburgring zijn honderdste Grand Prix. Het had niet eens zoveel gescheeld of Jos was zijn

Formule 1-carrière niet begonnen bij Benetton, maar bij het McLaren van Ron Dennis. In een van de magazines van zijn fanclub blikt Jos terug op de test die hij in de aanloop naar het seizoen 1994 op Silverstone uitvoerde met een McLaren. "We moesten 's ochtends eerst personenauto's het circuit op sturen om het ijs van de baan te rijden. Geen optimale omstandigheden, maar ik merkte wel hoe goed de McLaren was. Ron Dennis wilde mij wel hebben als testcoureur, maar ik kreeg geen opties voor de volgende jaren. Benetton bood die opties wel. De avond voordat we gingen tekenen hebben we Dennis nog gebeld en hem gezegd dat we vergevorderde besprekingen hadden met Benetton en dat ik daar ging tekenen. Dat geloofde hij niet. De volgende morgen belde Ron Dennis naar Flavio Briatore. Wij zaten daar toen al. Dennis vertelde dat hij mij wilde spreken. Ik heb hem toen ook gesproken, maar vertelde Ron dat hij te laat was. Hij was pissig, vond het niet leuk. Terwijl wij al die tijd open kaart hadden gespeeld en eerlijk waren geweest. Dat was Dennis van de Formule 1 blijkbaar niet gewend."

Er is even sprake van dat Jos zijn honderdste GP pas in Frankrijk rijdt, omdat de Grand Prix van Monaco in 1995 niet zou meetellen op zijn cv. Dat is niet omdat het de enige race is die Olav Mol sinds 1991 heeft gemist (hij regisseert dan voor Veronica-televisie in het Midden-Amerikaanse Belize de Camel Trophy), maar omdat de versnellingsbak van zijn Simtek kapot is en Verstappen de herstart mist. Dat betekent niet alleen een voortijdig einde van het Monegaskische weekend van Jos, maar ook het definitieve afscheid van Simtek. Toch telt de race wel degelijk mee voor de honderd. Jos had op de Nürburgring eigenlijk zijn honderdzoveelste Grand Prix moeten rijden, als Arrows-baas Tom Walkinshaw het contract had geëerbiedigd dat hij op diezelfde Nürburgring op de vrijdagavond van de Europese Grand Prix in 2001 ondertekende. Volgens dat papier rijdt Jos ook in 2002 voor Arrows. "Ik heb er heel wat voor over om jullie Hollanders gelukkig te houden", grapt Walkinshaw bij die gelegenheid. Over de onderhandelingen met het Verstappen-management zegt hij: "Huub Rothengatter bezorgt mij soms behoorlijke hoofdpijn, maar sinds ik voor onze gesprekken een aspirientje neem is dat geen probleem meer." Anno 2003 is het nog maar de vraag of aspirientjes helpen. Sinds de contractbreuk van Walkinshaw is Rothengatter nog steeds bezig om Walkinshaw juridisch aan te pakken. RaceReport brengt na de breuk onbedoeld Arrowspersdame Lindsay Morle in de problemen. Als wij in de aanloop naar het Verstappen-loze seizoen 2002 een afdruk van het persbericht plaatsen waarmee Arrows de contractverlenging met Jos bekendmaakt, vergeten we het emailadres en het mobieletelefoonnummer van Lindsay weg te halen. De arme Lindsay, die er ook niets aan kan doen, wordt bestookt met mailtjes en telefoontjes van boze Verstappen-fans. En dat blijken niet altijd de meest diplomatieke personen op deze aardbol.

Ik maak zelf een minder diplomatiek gebaar als ik vlak voor de kwalificatie op de Nürburgring in de Arrows-garage met Jos sta te kletsen over zijn net bekend gemaakte contractverlenging. Het gesprek wordt toevallig gefilmd en gaat de hele wereld over. Op het moment dat ik denk dat de cameraman klaar is steek ik mijn middelvinger naar hem op. Een bekend grapje in de paddock. De cameraman moet vreselijk lachen. Later hoor ik waarom. Hij was nog helemaal niet klaar met filmen en mijn middelvinger is óók de hele wereld over gegaan. Even later probeer ik aan Walkinshaw en Verstappen tijdens een interview voor RTL te ontlokken met welke motor ze in 2002 gaan rijden. Asiatech verdwijnt en ik ben vrijwel zeker dat het zwartoranje team met de Cosworth gaat rijden. Walkinshaw maakt er een grappig gesprek van, maar zegt niets, Jos trapt in de (gemene) truc als hem wordt gezegd dat Walkinshaw heeft verteld dat het Cosworth wordt. "Heeft hij dat nu al toegegeven?" reageert een verraste Verstappen. Die meteen beseft dat hij erin is getrapt. Het is ook niet eerlijk om hem hierover aan te spreken terwijl hij zich concentreert op de kwalificatie, maar ik weet nu dat Arrows met Cosworth verdergaat. Weer een mooie primeur voor RaceReport.

Van oerwoud naar F1-jungle

Ik heb een hekel aan de Franse Grand Prix. Om te beginnen zijn daar altijd veel te veel Fransen. Verder ligt het circuit volledig in niemandsland. Er naartoe vliegen is onmogelijk, mits je tig keer wilt overstappen of een privévliegtuigje hebt (zover ben ik nog niet), dus dat betekent een autorit van een uurtje of zeven. Dan zit ik liever zes uur in het vliegtuig op weg naar de Canadese Grand Prix. De telefoon- en emailverbindingen in Magny-Cours zijn waardeloos. Elk jaar weer. Dit jaar gaat mijn optreden op 3FM, waar ik iedere zaterdagmiddag als Formule 1-deskundige te gast ben in het programma van 3FM-deejay Corné Klijn, de mist in. En dat terwijl ik sinds een paar maanden mijn eigen naam-jingle heb. Hoeveel hoger kun je nog klimmen op de maatschappelijke ladder? Soms ben ik live in de studio, maar meestal gaan de gesprekken met Corné telefonisch. Dat gaat altijd goed. Australië, Brazilië, Japan; nergens is het een probleem. Behalve in Frankrijk, dankzij de krakkemikkige telefoonlijnen. We zijn een halfuur bezig geweest om überhaupt een verbinding tot stand te brengen. Hotels heb je in Magny-Cours ook niet. Daarom slapen we bij mensen thuis. Papa stuurt in het Grand Prix-weekend zijn vrouw, kinderen, opa en oma het huis uit en verhuurt zijn kamers voor een godsvermogen aan Formule 1-journalisten. Daar kan hij dan weer zijn pijpje van stoppen. Eén keer heb ik pech. Ik slaap bij mensen van wie het hele gezin is thuisgebleven, inclusief een nachtbrakende baby van een paar maanden oud, die op de kamer pal naast mij ligt. Maar over het algemeen mag ik niet klagen. Collega's van mij zijn terechtgekomen in kinderkamers met kinderbedjes, waar ze tussen de knuffelberen en onder de *Take That*-posters sliepen. Zo erg heb ik het nog nooit gehad, want ik kan meestal terecht bij *monsieur* Bardol. Een vreselijk aardige man, die ons altijd zo goed mogelijk van dienst probeert te zijn. Zijn enige nadeel is dat hij je de oren van je kop kletst. In het Frans. En dat spreek ik niet. Ik zal maar niet opschrijven met wat voor snelheden we heen en weer racen naar Magny-Cours, maar het is een wonder dat we nog nooit van de weg zijn gehaald. Het is ook maar goed dat er geen rijtijdenbesluit voor Formule 1-journalisten is. Ik knal soms zes uur lang (alhoewel, er staan altijd files) van Magny-Cours naar Midden-Nederland, slechts opgehouden door een snelle tankstop, terwijl fotograaf Frits van Eldik naast mij ligt/zit/hangt te slapen. Soms wordt Frits wakker. Als we afremmen voor een tolpoortje, roept hij iedere keer weer: "Ik slaap niet hoor!" Om vervolgens zijn creditcard te pakken, zijn linkerhand met daarin de creditcard op te houden, weer in slaap te vallen en het niet te merken dat ik A: de creditcard uit zijn hand pak, B: betaal, C: de creditcard terugstop, waardoor hij D: kan blijven slapen.

Ondanks mijn aversie tegen Magny-Cours in het bijzonder en een groot aantal Fransen in het algemeen, ben ik wel een fan van Renault. Voor degenen die hier een zakelijke truc achter zoeken: nee, ik rij niet in een Renault, maar al jarenlang in een Volvo. Vraag me niet waarom, maar als klein jochie was Renault al mijn favoriete Formule 1-team. Waarschijnlijk omdat ze het lef hadden met een volledig nieuw concept aan de start te verschijnen: de turbo. Coureur Jean-Pierre Jabouille had het er maar moeilijk mee. Als hij op het gas trapte moest hij eerst een tijdje wachten voordat de pk's beschikbaar kwamen: het beruchte 'turbo-gat'. Renault en Jabouille debuteerden in 1977 op Silverstone, waarna het twee jaar duurde voor een turbo-aangedreven wagen een Grand Prix won: een Renault, met Jabouille aan het stuur. Destijds was ik een van de vele kleine jochies die droomden van een carrière in de autosport. Als coureur is mij dat nooit gelukt, als journalist dus wel.

Dankzij de sportieve inborst van Renault is het veel andere jochies wel gelukt als coureur de top te halen, of krijgen ze in ieder geval de kans daarvoor. En als dat niet lukt, heeft Renault nog wel een andere klasse om in te racen. Ik ken geen fabrikant die op zoveel fronten in de autoracerij is vertegenwoordigd. Renault Clio, Renault Clio V6, Formule Renault, Formule 3, Formule Super V6, Formule 1. Terwijl ze met hun Driver Development Program ook verschillende jonge talenten ondersteunen, onder wie de Nederlandse kartcoureur Carlo van Dam. Ik ben voor RTL al drie jaar de voice-over van de Renault Clio-races op Circuit Park Zandvoort, maar de Formule Renault vind ik de leukste klasse. Dat is het kampioenschap waarin talenten hun eerste stappen zetten in de autosport, waarin ze ook snel volwassen worden. Neem de Nederlands kampioen Formule Renault in 2003: Paul Meijer. Hij bouwt in het begin van het jaar een enorme voorsprong op in het kampioenschap, verliest veel punten na een diskwalificatie, lijkt even ten onder te gaan aan de druk maar haalt toch de titel binnen. Om een paar uur nadat hij kampioen is geworden te horen dat een van zijn beste vrienden bij een auto-ongeluk is overleden. Een van Meijers grootste concurrenten, Giedo van der Garde, wordt met ondersteuning van Jos Verstappen in 2002 wereldkampioen karting, rijdt voor het sterke Van Amersfoort Racing, is supersnel, doet het goed bij de media en lijkt alles mee te hebben, maar wint nul wedstrijden. Dat zijn de ervaringen die niet plezierig zijn, maar waar je op weg naar de top in autosportland wel wat aan hebt.

Gerard van der Garde is op de circuits onafscheidelijk van zijn zoon Giedo, sinds die als klein opdondertje zijn eerste meters reed op een kart. In vergelijking met veel andere kart- en autosportouders gedraagt Van der Garde senior zich voorbeeldig. Waar andere ouders hun zoon of dochter het liefst vergelijken met de grootste Formule 1-helden en het vanzelfsprekend vinden dat hun oogappel in de top van de autosport terechtkomt, is Van der Garde altijd rustig gebleven. Hij verkast ook niet van het ene naar het andere team, omdat het op dat moment toevallig even over een kart beschikt die wat beter is of omdat de vorige teambaas kritiek heeft durven uiten op zoon- of dochterlief. Van der Garde blijft trouw aan de Nederlandse teameigenaar Michel Vacirca. Als Jos Verstappen in 2002 aanbiedt om de motoren van Giedo te gaan tunen, wordt daar ook niet meteen positief op gereageerd, maar eerst even rustig over nagedacht. Van der Garde senior: "Giedo kreeg in de eerste maanden van 2003 heel veel publiciteit. Hij was wereldkampioen karting, pupil van Jos Verstappen, werd door de autosportbond benoemd tot grootste Nederlandse racetalent en stond bij zijn eerste wedstrijd gelijk op pole. Dat was achteraf gezien allemaal wat te veel van het goede, zeker toen Giedo wel heel snel was, maar door allerlei omstandigheden geen races won. Het zat tegen en het duurde even voordat hij de draad oppakte. Het was illustratief dat hij steeds minder vaak ging trainen. 'Ik word toch niet moe in die auto', was zijn reactie. Dat was misschien wel zo, maar als je dagelijks sport, ben je veel beter gefocust. Sinds het einde van de zomer is hij weer iedere dag aan het sporten. Dat doet hem goed. Ik zie aan zijn ogen dat hij weer lekker in zijn vel zit; hij is weer veel scherper." Aldus Van der Garde eind oktober 2003 op het Engelse Donington. Daar is Giedo bij de twee races voor het Europees kampioenschap opnieuw snel onderweg, maar wint hij weer niet. Hij wordt twee keer tweede en is daar woedend over. Het seizoen 2003 doet Frits van Amersfoort, teambaas van Van der Garde, verzuchten dat zijn coureur een 'oerwoudracer' is. "Hij is net als Jos: het is erop of eronder. Vaak eindigt het met straffen van de wedstrijdleiding, ongelukken of verloren races. Die tegenslag zal hem vormen en dat is nodig ook. Ik vind dat zowel Paul Meijer als Giedo in 2004 nog een seizoen Formule Renault moet rijden. Als ze nu overstappen naar de Formule 3 is dat zelfmoord. Daar worden ze emotioneel en psychisch opgevreten door de concurrentie. Formule 3 is veel gecompliceerder. Na de Formule 1 is het de mooiste raceklasse, maar je moet wel eelt op je ziel hebben wil je er hard gaan. Je moet leren omgaan met tegenslag. Daarnaast moet je natuurlijk in de eerste periode in de

Formule 3 veel leren over het afstellen van de auto. Neem alleen al de schokbrekers, daar komen we in de Formule Renault niet eens aan toe. Het budget is ook een verhaal op zich. Je moet twee budgetten hebben, voor twee jaar. Aan één jaar Formule 3 heb je niets. We moeten de jonge Nederlandse talenten de kans geven zich te ontwikkelen. Giedo is nu achttien. Toen Jos bij mij kwam was hij twintig. Die twee jaar maakt op die leeftijd een groot verschil. Ik wil graag de gelegenheid krijgen jongens als Giedo naar de top te brengen, maar daarvoor heb ik tijd nodig. Ik kan dat ook niet alleen, net zoals de coureur dat niet alleen kan. Giedo is een ladder op gestapt naar een functie die net zo moeilijk te bereiken is als de functie van president-directeur van een bedrijf als ABN Amro. Waarom zou een coureur in zijn weg naar een topfunctie geen hulp mogen vragen? Als een sportman gaat praten met een psycholoog betekent dat niet dat hij gek is. Wel dat hij werkt aan het herkennen en verbeteren van zijn zwakke punten. Michael Schumacher is daar heel sterk in. Of kijk naar een coureur als Mark Webber: die was in de lagere klassen nooit een superster, maar is hard gaan werken aan zichzelf en wordt nu enorm gewaardeerd. Dat Giedo nu zo wild is, vind ik geen probleem. Het is makkelijker een wild beest te temmen dan een te braaf iemand feller te maken. Maar dat temmen gaat niet vanzelf."

Nederland telt op dit moment enorm veel racetalent. Drie van hen springen er in 2003 uit: Paul Meijer, Giedo van der Garde en de Chinese Nederlander Ho-Pin Tung, die wordt geholpen door Huub Rothengatter en als beloning voor het winnen van het Aziatische Formule BMW-kampioenschap een Williams F1-bolide mag testen. Van Amersfoort: "Paul is vergeleken met Giedo veel rustiger en bleek wel degelijk heel snel te zijn. Niet alleen op Zandvoort, maar ook op andere banen. Ho-Pin heeft een moeilijke fase gehad en maakt nu slim gebruik van zijn Chinese achtergrond. Hij kan snel en veel leren en is ook rustig. Geen oerwoudracer, zoals Giedo. Toch denk ik dat

Giedo van deze drie het verst komt. Mits hij een aantal zwakke punten verbetert en veel aan zichzelf werkt. Giedo heeft de meeste snelheid in huis." Van Amersfoort kan het weten. Hij speelde een belangrijke rol in de carrières van Christijan Albers en Jos Verstappen, toen die op weg naar de top waren.

Silverstone = spektakel

Groot-Brittannië is het epicentrum van de autosport. De Britten hebben veel verstand van racen en het land telt onnoemelijk veel circuits, waar ieder weekend wel wat te doen is. De autosportindustrie is er een belangrijke bedrijfstak en de meeste Formule 1-teams hebben hun thuisbasis in Engeland, in de buurt van Silverstone, het kloppend hart van de Britse Formule 1-industrie. Ondanks de kritiek van het duo Bernie Ecclestone/Max Mosley op de organisatie en de bereikbaarheid van Silverstone reis ik altijd met veel plezier naar de Britse Grand Prix. Ik heb het altijd naar mijn zin op Silverstone, maar Ecclestone en Mosley vinden de omstandigheden op het circuit middeleeuws en niet passen bij race-Mekka Engeland. Wat de tribunes en het pitcomplex betreft hebben ze helemaal gelijk, wat de rest betreft niet. Silverstone ademt Formule 1 zoals geen ander circuit dat doet. Het is inderdaad lastig om er te komen en de toegangsprijzen zijn er idioot hoog, maar dat zijn dan ook de enige nadelen. Voor de rest kan geen enkel ander circuit tippen aan de monumentale status van het voormalig vliegveld. Op weg naar het circuit kom je langs of door de plaatsen waar de Formule 1-teams en veel andere raceteams zijn gevestigd. Jordan zit pal tegenover de hoofdingang van het circuit. Achter de tribunes vind je winkeltjes waarvan je als racefan alleen maar kunt dromen. Ben je bijvoorbeeld op zoek naar een uitgave van het Engelse blad Autosport uit 1975? Die is er. Een biografie van François Cevert? Geen probleem. Zowel in het Engels als in het Frans. De tribunes zijn afgeladen vol met knotsgekke Engelsen, al was het dit jaar minder druk dan voorheen. De bezoekers zijn echte kenners en zorgen voor bijna Braziliaans aandoende feestjes bij iedere spectaculaire actie. En dat waren er dit jaar heel veel. Het bijprogramma van de Formule 1-race is goed gevuld. Formule 3000, Porsche Supercup, een race met 25 Maserati Cambiocorsa Coupés en een Sportscar-race met auto's uit de jaren veertig en vijftig. Er waren stunthelikopters, stuntvliegtuigen, een kermis en een popconcert. De Grand Prix had zelfs een eigen televisiestation en radiozender en er stonden veel grote videoschermen rond de baan. Wat wil je nog meer? Silverstone is een van de hoogtepunten van het jaar en mag nooit verdwijnen. Het is niet voor niets een circuit waar altijd wel wat gebeurt. Al in 1948 vindt er voor het eerst een Grand Prix plaats en in 1950 is het de locatie voor de eerste race die meetelt voor het officiële wereldkampioenschap Formule 1. In 1951 wint Ferrari op Silverstone voor het eerst een Grand Prix, in 1973 is het rechte stuk het toneel van een van de grootste startcrashes ooit, in 1979 staat Williams er voor het eerst op pole (met Alan Jones) en wint Clay Regazzoni de eerste GP voor hetzelfde team. Bridgestone kiest in 1996 Silverstone uit als eerste circuit buiten Japan waarop met zijn Formule 1-banden wordt gereden. Michael Schumacher is in 1998 de eerste coureur die een Grand Prix wint terwijl hij de race beëindigt in de pitstraat.

In de tijd dat ik voor RaceReport en RTL de Grands Prix afreis, gebeurt er op Silverstone altijd wel iets bijzonders. In 2000 gaat het voormalige militaire vliegveld bijna kopje onder door de overvloedige regenval. De parkeerplaatsen veranderen in modderbaden en de toeschouwers wordt gevraagd om op zaterdag thuis te blijven. Dat is nog nooit gebeurd, weer een 'eerste keer' voor Silverstone. Op zondag komt een aantal coureurs bijna te laat voor de warm-up, die gelukkig voor hen vanwege mist anderhalf uur wordt uitgesteld, en missen sommige journalisten bijna de start van de race door de enorme files. Onze huurauto zit rondom (dus ook op het dak) onder de modder, mede dankzij het rondje dat we 'per ongeluk' hebben gereden over het rallycrosscircuit van Silverstone. In 2001 leggen zelfs de monteurs van de hedendaagse Formule 1-teams op zaterdagmiddag het werk neer om ademloos te kijken naar de prachtige auto's die meerijden in de Thoroughbred Grand Prix Challenge. In deze klasse rijden amateur-coureurs supersnelle rondes in historische Formule 1-bolides. Onder de deelnemende auto's opvallend veel wagens waarmee Nederlandse coureurs gereden hebben, zoals de Ensign waarmee Gijs van Lennep in 1975 zesde werd in de Duitse Grand Prix. Dat chassis was toen al eigendom van de Nederlandse sponsor HB Bewaking en zou een jaar later onder de naam Boro als een Nederlandse Formule 1 worden ingeschreven. Ook de March waarmee Michael Bleekemolen zich vergeefs probeerde te kwalificeren voor de Nederlandse Grand Prix van 1977 is aanwezig, net als de Ensign waarin Jan Lammers in 1980 drie Grands Prix reed. Alle auto's zien er beter uit dan toen er in de echte Grands Prix mee werd gereden. En er wordt nog steeds keihard mee geracet, zonder zorgen over de (financiële) consequenties van een mogelijke crash. Dat kan alleen maar in Engeland. Voor het eerst sinds de Grand Prix van België wint Mika Häkkinen dat jaar op Silverstone weer eens een Grand Prix. Net als in België doet hij dat na een prachtige inhaalactie op Michael Schumacher.

Een jaar later is op Silverstone de vooraankondiging te zien van de ondergang van Arrows. Jos Verstappen is er niet bij. Ondanks zijn contract met Arrows-baas Tom Walkinshaw, die hem luttele weken voor de start van het seizoen aan de kant heeft gezet. De Arrows-monteurs missen Verstappen nog steeds. Omdat hun team in Silverstone door het financiële malheur pas op zaterdag in actie komt, hebben ze genoeg tijd om herinneringen op te halen aan Jos. "Kan je het mij zo snel mogelijk vertellen als je weet waar Jos naartoe gaat", zegt een van hen. "Dan ga ik daar ook naartoe." Die monteur houdt overigens geen woord, want hij werkt inmiddels bij McLaren. Ik kan het hem niet kwalijk nemen. De naam Verstappen wordt op Silverstone genoemd als rijder voor Minardi in 2003. "Paul Stoddart heeft al regelmatig gezegd dat ik zeer welkom ben, maar eerlijk gezegd denk ik dat ik daar niets te zoeken heb", reageert Jos dan nog. Ook die andere Nederlander die aast op een plekje in de Formule 1, Christijan Albers, wordt dat weekend in verband gebracht met Minardi.

Dat is merkwaardig, omdat zijn manager Lodewijk Varossieau in Monaco nog heeft gezegd dat Albers geen testcoureur meer wil zijn bij Minardi. Bij het Brits/Italiaanse team zou hij toch alleen maar onder aan de tijdenlijst staan. Volgens Varossieau gaat Albers testen voor Arrows. "Als Albers zich wil laten naaien door Walkinshaw, moet hij dat doen", vindt Paul Stoddart.

Dan de race van 2003. Bij de topteams blameert McLaren zich door volledig de weg kwijt te zijn. De wisselende weersomstandigheden zorgen voor paniek bij het team van Ron Dennis. Coulthard mag niet binnenkomen voor regenbanden op het moment dat hij wil en als hij later in de race terug wil van regenbanden naar droogweerbanden staat het team weer te schutteren. Als Coulthard eindelijk weer op pad gaat begint het weer te regenen en bij de laatste stop die hij die dag maakt hapert de tankinstallatie. Ron Dennis probeert de schuld van de miscommunicatie binnen zijn team af te schuiven op storingen in het radiosysteem, die werden veroorzaakt door de digitale televisie. Helaas voor Dennis heeft RTL5 net tijdens die race de boordradio van McLaren in de uitzending. Daar is niets te horen van een storing. Integendeel: het gevloek en getier van Coulthard is zelfs uitstekend te horen...

Toch kan het best voorkomen dat er een probleem is met de frequentie van de boordradio van een team. Tijdens een Grand Prix zijn er immers waanzinnige aantallen frequenties in gebruik. De paddock is een woud van antennes en dan heb ik het nog niet eens over al die televisiestations die signalen door de ether sturen. De laagste frequentie die tijdens een raceweekend gebruikt wordt is 74 megahertz. Die is gereserveerd voor de Engelse televisiezender ITV. De hoogste frequentie is van Ferrari, op 23.9 gigahertz. Van het hele spectrum daartussen wordt elke geschikte frequentie gebruikt. Dat betekent dat er tussen de vijfhonderd en zevenhonderd verschillende signalen door de ether gaan. Er lopen vanuit een Formule 1-auto verschillende data naar de pitbox: signalen met informatie over de motor en signalen met gegevens over de rest van de wagen. Daarnaast zijn er de onboard-camera's, de teamradio en de laptops die snel worden ingeplugd als de auto stilstaat bij de pits. Verder is er dataverkeer van de tijdwaarneming, audio en video afkomstig van de draadloze zenders, portofoons, mobilofoons en ga zo maar door. Alle soorten zend- en ontvangstapparatuur die je kunt verzinnen worden gebruikt. Tijdens een Grand Prix is er zelfs een speciale radiocontroledienst actief, die een vergelijkbare taak heeft als de organisatie die in Nederland de radiopiraten uit de lucht haalt. Zij controleren of iedereen de hem toegewezen frequentie gebruikt.

Silverstone ontpopt zich tot een van de spectaculairste races van het prachtige seizoen 2003. Jarno Trulli leidt als er een safetycar de baan in komt, omdat David Coulthard zijn hoofdsteun is verloren en het onderdeel op de baan blijft liggen. Als het veld vervolgens weer op volle vaart verder kan wandelt een demonstrant de baan op. "Die idioot besefte niet of wilde niet beseffen dat hij in stukken had kunnen worden gereden, waarbij een coureur zou zijn getraumatiseerd, net als miljoenen televisiekijkers", aldus Olav Mol. Gevolg: weer een safetycar. Als die vertrekt leidt Toyota met Cristiano da Matta voor het eerst een Grand Prix. Wat volgt is een spervuur aan inhaalacties, inclusief een prachtig gevecht tussen Rubens Barrichello en Kimi Räikkönen. De Braziliaan trekt aan het langste eind en wint de race. Later blijkt dat een aantal medewerkers van de Britse televisiezender ITV, die de Formule 1-races uitzendt, voorafgaand aan de race een brief heeft gehad van Neil Horan, de man die de baan op kwam. Horan blijkt een godsdienstwaanzinnige. Commentator James Allen is op de hoogte van zijn ideeën, maar weet niet dat hij het plan heeft om de Britse Grand Prix te verstoren. Allen: "In zijn brief vertelde Horan dat de media te veel aandacht besteden aan situaties zoals die in het Midden-Oosten en te weinig aan het bestuderen van de bijbel. Dat wilde hij de mensheid duidelijk maken. Hij kondigde aan dat hij bij een aantal televisiezenders in Londen zou gaan demonstreren. Toen ik de man zag lopen op het circuit van Silverstone wist ik meteen dat het Horan was. Ik had nooit kunnen vermoeden dat hij zijn actie niet in Londen, maar op Silverstone zou houden."

Meest indrukwekkende startcrashes aller tijden

Eigenlijk denk ik nog voordat het stof is opgetrokken dat hij dood is. Een ongeluk zoals Luciano Burti meemaakt in 2001 in Spa kun je niet overleven. Dus wel. Frappant genoeg sta ik tijdens het ongeluk in de garage van Prost Grand Prix, het team van Burti. Ik kan daardoor de tv-kijkers vertellen dat het team zeer koel reageert door Heinz-Harald Frentzen snel binnen te halen voor benzine (gebruikmakend van de door Burti veroorzaakte safetycar-situatie) en een perfecte pitstop te maken. Als de race uiteindelijk toch wordt stilgelegd struin ik door de pitstraat, op zoek naar informatie. Ik, en met mij de rest van de RTL-crew en daardoor televisiekijkend Nederland, denk nog steeds dat Burti dood is. Tot ik Niki Lauda tegen het lijf loop. De Jaguar-teambaas heeft van de bij het ongeluk betrokken Eddie Irvine gehoord dat Burti nog leeft. "Ik was de eerste die bij Luciano was, zijn hoofd had een zijwaartse klap gekregen door het gewicht van de bandenstapel en was vervolgens opgevangen door de hoge cockpitranden. Dat heeft hem gered", heeft Irvine Lauda toevertrouwd. Voor Irvine moet het een vreemde gewaarwording zijn, want kort tevoren was Burti nog coureur van Jaguar, Irvines team. Ik roep in de uitzending dat Burti toch leeft. Pas veel later besef ik dat mijn mededeling bij enorm veel mensen voor een zucht van verlichting zorgt. Ik ben degene die de RTL-kijkers vertelt dat Burti niet dood is. Bijzonder.

Slechts vier weken eerder vrees ik op Hockenheim niet alleen voor het leven van dezelfde Burti, maar ook voor dat van mijzelf. Als pitreporter heb ik zeker in het begin van de race geen zicht op televisieschermen en ben ik volledig afhankelijk van het commentaar van Olav om te weten wat er gebeurt. In mijn koptelefoon hoor ik Olav nog net zeggen dat het misgaat bij de start. Als ik opkijk naar de pitmuur zie ik nog net Luciano Burti voorbijvliegen. Heel hoog, heel snel en heel erg ondersteboven zweeft Burti door de lucht, naar mijn idee op weg naar de pitstraat waar hij met een enorme klap zal gaan landen. De gevolgen zullen vreselijk zijn en ik zit er middenin. Denk ik. De werkelijkheid is dat Burti weliswaar een enorme klap maakt, maar gewoon op het circuit landt en helemaal niet eens in de buurt van de pitmuur is geweest. Een fraai staaltje gezichtsbedrog. Mijn schrikreactie (producer Frank Verzantvoort zegt dat ik erg grappig klink als ik nog natrillend en met een hoge stem in de uitzending kom) is voor niets geweest. "Het ging zo snel", herinnert Burti zich. "Een paar seconden na de start had Michael een probleem. Zijn auto reed langzaam. Ik kon hem niet zien; mijn zicht werd belemmerd door andere auto's. Op het moment dat ik hem zag was het te laat om een crash te voorkomen." De beelden spreken voor zich: het was een nachtmerrie. Waar gewone stervelingen er nooit meer aan zouden denken om na een klapper van dit formaat ooit nog in een raceauto te stappen, staat Burti niet veel later gewoon klaar voor de herstart. In de reservewagen. "Tot mijn verbazing was die auto beter dan mijn eigen wagen", was de koele reactie van Burti. "Ik had bij de crash echter mijn linkerarm geblesseerd en kon het stuur niet meer goed vasthouden. Elke bocht deed pijn. Dat werd zo erg dat ik op een bepaald moment echt niet meer verder kon en ik van de baan vloog."

De startcrash van Hockenheim 2001 hoort zonder twijfel thuis in het rijtje van meest indrukwekkende startcrashes aller tijden. Zoals die op Silverstone in 1973. In de eerste ronde van de Britse Grand Prix gaat Jody Scheckter in de fout. Hij maakt een voor Engelse racebegrippen klassieke *Woodcote Corner high speed spin* en verliest in de snelle rechterbocht de controle over zijn McLaren. Acht andere auto's klappen er met meer dan 230 kilometer per uur bovenop. Toeschouwers vrezen het ergste, maar alleen Andrea de Adamich loopt verwondingen op. Hij verkeert niet in levensgevaar. Spa 1998 loopt ook met een sisser af. Het regent hard bij de start en als de coureurs ongeschonden door de La Source-haarspeldbocht komen, is de opluchting groot. De spray is echter enorm en de coureurs zien nauwelijks waar ze heen moeten. In de staart van het veld is het zicht nul komma nul. Dan raakt David Coulthard de controle over zijn McLaren kwijt. Hij spint en wordt geramd door de Ferrari van Eddie Irvine. Hun auto's, die zware averij oplopen, caramboleren stuurloos over het asfalt. De andere deelnemers komen net op snelheid en kunnen geen kant op. Met een enorme klap schuift de Benetton van Alexander Wurz als eerste boven op Irvine en Coulthard. De mensen naast de baan zoeken beschutting als Barrichello, Salo, Diniz, Alesi, Herbert, Trulli, Nakano, Panis en Takagi hun auto's in puin rijden. Ook Verstappen komt niet ongeschonden uit de brokstukken tevoorschijn. "Je zag dat er iets gebeurde, maar je kan niets zien door al dat water dat omhooggaat", vertelt hij later. "Toen ik daar aankwam, zag ik een gat. Ik reed gewoon door dat gat. Alleen op het laatst raakten ze mij; vandaar dat ik een lekke achterband had." De laatste starter, Ricardo Rosset, denkt er verstandig aan te doen de nodige afstand te bewaren bij de start. Geen slecht idee, maar doordat hij door de vele spray en rook het ongeluk niet ziet parkeert hij zijn auto op volle snelheid boven op de wrakken die er al staan. Als de rook opgetrokken is, zien de toeschouwers een kluwen van wat ooit veertien Formule 1-auto's zijn geweest. Niemand raakt ernstig gewond, alleen Barrichello hinkt naar de pits.

In 2003 is het precies 25 jaar geleden dat het na een startcrash wel slecht afliep met een aantal coureurs. Het is 10 september 1978 en het Formule 1-circus is neergestreken in Italië voor de Grand Prix op Monza. De hete lucht trilt boven het asfalt als de starter de groene lichten veel te vroeg op groen zet. De achterste auto's staan nog niet stil en maken een rollende start, waardoor het hele veld in elkaar schuift. Direct daarna gaat het fout. Verschillende auto's raken elkaar en een moment later verandert het veld van 24 auto's in een grote vuurbal. Ronnie Peterson wordt met zijn Lotus tegen de vangrail gekwakt. De zwartgouden auto vliegt meteen in brand en strandt midden op de baan. Vittorio Brambilla krijgt een afgebroken wiel op zijn hoofd en raakt bewusteloos. Hans Stuck, die vanaf de zeventiende plek is gestart, wordt ook door een wiel aan zijn hoofd geraakt. Hij laat zijn Shadow uitrollen, springt uit de auto en zakt met een shock naast de vangrail in elkaar. Peterson heeft weliswaar beide benen gebroken, maar in eerste instantie is het Brambilla die er het slechtst aan toe is. Tot er 's avonds in het ziekenhuis complicaties optreden aan de verwondingen van Peterson. Door medisch falen van de doktoren. De immens populaire Zweed sterft de volgende dag. Brambilla doet een jaar later weer mee. In 1982 gaat het mis in Canada. Bij de start blijft de Ferrari van Didier Pironi staan. De Fransman steekt zijn handen uit de cockpit om de rest te waarschuwen, maar de van de 23e plaats gestarte Riccardo Paletti ziet hem niet. Met ruim tweehonderd kilometer per uur boort de Osella zich achter in Pironi's Ferrari. Paletti wordt driehonderd meter na de start van zijn tweede Grand Prix vermorzeld achter het stuur. Hij sterft dezelfde avond nog.

Al deze ongelukken zie ik in een flits aan mij voorbijtrekken als het in 2003 op Hockenheim weer misgaat. Deze keer is Kimi Räikkönen het voornaamste slachtoffer van een massacrash bij de start. De Grand Prix van Duitsland levert Kimi geen WK-punten op, maar wel een knetterende hoofdpijn. Hij verblijft drie kwartier in het medisch centrum voordat hij zich meldt bij zijn team. En dat terwijl hij zich een paar weken eerder ook al had geblesseerd toen hij met zijn dronken hoofd een valpartij maakte op een boot. De FIA vindt het nodig de startcrash uitgebreid te onderzoeken en wijst Ralf Schumacher als veroorzaker van het ongeluk aan. Volstrekte onzin. Op mij komt de startcrash in Hockenheim over als een normaal race-incident, waar niemand schuld aan heeft. Zoiets kan gebeuren. Twintig waaghalzen met hoge snelheid op weg naar een bocht: dat het een keer misgaat is onvermijdelijk. De

FIA denkt daar anders over en legt Ralf, na hem aanvankelijk tien plaatsen terug te hebben gezet op de grid van de volgende Grand Prix, een boete van vijftigduizend dollar op. Bij Williams blijft men lang pissig op de FIA. Zelfs nog in Suzuka vertelt Williams-topman Patrick Head dat hij niet blij is met de manier waarop de FIA zijn team aanpakt en de Ferrari-coureurs schijnbaar alles toestaat. "Ik ben nog steeds verbluft als ik kijk naar wat er gebeurde tussen Alonso en Michael in Silverstone. Daar werd een actie toegestaan waarbij Michael letterlijk van de ene kant naar de andere kant van de baan ging en Alonso met ruim driehonderd kilometer per uur op de gras duwde. Dat werd goed bevonden, de actie van Ralf in Hockenheim niet. Laat ik zeggen dat er een behoorlijk verschil is in de besluitvorming rond rijdersincidenten dit jaar."
Head heeft een punt. Waarom start de FIA alleen uitgebreide onderzoeken als er een ongeluk is geweest? Hoe zit het met coureurs die levensgevaarlijk rijden maar die ontsnappen aan een crash doordat een ander ruimte maakt? De drie betrokken teams bij de startcrash van Hockenheim (Williams, McLaren, Ferrari) moeten bij de FIA de telemetriegegevens inleveren van Ralf Schumacher, Kimi Räikkönen en Rubens Barrichello. De autosportbond pluist uit dat Räikkönen veertig meter na de start naar rechts stuurde en dat daarbij een kracht vrijkwam van 0,8G. Van 48 tot 68 meter stuurde Kimi rechtdoor, vervolgens weer naar rechts (1,2G) en tot 105 meter maakte hij nog een aantal kleine stuurbewegingen in dezelfde richting. De FIA erkent dat het circuit vlak voor de eerste bocht hobbelig is en dat het circuit (lees: de smaller wordende baan) de aanleiding zou kunnen zijn voor het stuurgedrag van de Fin, die daarom wordt vrijgesproken van het veroorzaken van de crash. Rubens Barrichello stuurt binnen een afstand van tien meter naar links om Ralf Schumacher te ontwijken en weer naar rechts op het moment dat hij Räikkönen ziet. De FIA ziet daar niets verkeerds in en dus ontspringt ook Rubens de dans. Prachtig zo'n onderzoek, maar waarom is er datzelfde weekend niets gedaan met de opmerking van Jarno Trulli dat

Michael Schumacher in Hockenheim gevaarlijk reed? Ik ben wel eens bang dat er eerst doden moeten vallen voordat de FIA daar iets aan zal doen.

Hoe overleef ik een F1-crash

2003 is het jaar van de zware ongelukken. Fernando Alonso en Mark Webber in Brazilië, Jenson Button in Monaco, Rubens Barrichello en Ralph Firman in Hongarije en Ralf Schumacher in Monza. Het ongeluk van Schumacher is het zwaarst, maar daar zijn geen beelden van, doordat het tijdens een test gebeurt. Ralph Firman in Hongarije is een goede tweede. De Brit dendert de bandenstapels in, nadat zijn achtervleugel is afgebroken. Het ongeluk zelf verschijnt aanvankelijk niet live in beeld. Pas als Firmans auto tot stilstand is gekomen, is op de monitoren in de perskamer te zien dat er iets mis is. Het wordt doodstil, want het eerste wat we zien is een niet bewegende Firman. Is hij bewusteloos? Of is het erger? Er wordt opgelucht ademgehaald als we Ralph zien bewegen. Die adem stokt weer in onze keel als we de beelden te zien krijgen van het gehele ongeluk. Iedereen is het erover eens: Ralph heeft al het geluk van de wereld gehad. Een paar jaar geleden was hij dood geweest.

Die laatste opmerking wordt tegenwoordig na ieder zwaar ongeluk gemaakt. Niet alleen in 2003, maar bijvoorbeeld ook na de knal van Allan McNish in Suzuka in 2002, de bijna frontale botsing van Giancarlo Fisichella in Magny-Cours in datzelfde jaar en, eveneens in 2002, de actie waarbij Nick Heidfeld in Oostenrijk Takuma Sato bijna doormidden rijdt. Na het ongeluk van Luciano Burti op Spa-Francorchamps in 2001 en bij de crash van Jos Verstappen in 1996 op datzelfde circuit is de teneur hetzelfde. We hebben de laatste jaren heel wat klappers gezien. Hoe is het mogelijk dat iemand dergelijke ongelukken overleeft? Dat vraag ik aan Kees Kox, in het dagelijks leven chirurg in het Amsterdamse AMC (en toevallig deel uitmakend van het team dat mij kort voor Monaco opereert), maar ook al jarenlang als medicus werkzaam in de autosport. "Bij een zware crash, waarbij veel energie is vrijgekomen, werken we volgens een vaste volgorde", legt Kox uit. "Als eerste kijken we of de coureur bij bewustzijn is. Als een rijder bewusteloos is zorgen we er eerst voor dat de ademweg vrij is, terwijl we tegelijk kijken of het hart nog klopt. Zo snel mogelijk daarna spalken we het hoofd en de nek. Zo zorgen we dat eventuele breuken in nekwervels of schade aan het ruggenmerg niet verergeren. Als een coureur buiten bewustzijn is, is het vaak niet te zien of hij zijn nek gebroken heeft. Als een coureur wel bij kennis is vragen wij hem of hij pijn in zijn nek of gevoelsstoornissen in armen en benen heeft. Een zwaar gecrashte coureur krijgt een infuus ingebracht. Dat doen we ook omdat je in eerste instantie nooit weet wat er nog voor andere verwondingen zijn. Daarna wordt hij op een veilige manier uit de auto gehaald. Hij mag daarbij niet bewegen. Vervolgens wordt de coureur gestabiliseerd en voor transport naar een ziekenhuis klaargemaakt." Wat doet een dokter als hij vermoedt dat de rijder is overleden? "Ons gevoel schakelen we dan uit. We doen wat er gedaan moet worden. Ook in zo'n geval proberen we de ademweg vrij te maken en het hart op gang te krijgen. Is hartslag of ademhaling niet goed, dan moeten we dat in orde proberen te brengen." De belangrijkste doodsoorzaak voor coureurs is tegenwoordig een zware hoofdverwonding of nekletsel. Het hoofd is aan het lichaam verankerd door de nekspieren en de wervelkolom. Bij een zware crash waarbij het HANS-systeem niet wordt gebruikt, worden nek en hoofd ver uitgerekt. Over het algemeen kan je zeggen dat vooral een achterwaartse impact hele vervelende gevolgen kan hebben. Kox: "De hersenen worden omvat door de schedel en hangen aan bloedvaten en vliezen. Als je een hele snelle vertraging hebt, waarbij veel G-krachten vrijkomen, komt het hoofd eerder tot stilstand dan de inhoud. De hersenen maken dan een klap tegen de hersenpan. Zo ontstaat een hersenschudding of, bij grotere ongelukken, kneuzingen en bloedingen. Boven de schedel zit de hersenpan, die wordt begrensd door de schedelbasis. Daar lopen bloedvaten doorheen. Door de gaten in het bot waar de bloedvaten doorheen komen kan het voorkomen dat bij een harde klap niet alleen het ruggenmerg beschadigd wordt en vitale levensfuncties als ademhaling en hartslag in gevaar komen, maar ook dat de bloedvaten scheuren. Verder zie je veel letsels tussen de eerste en de tweede halswervel. Die kunnen van elkaar af scheuren." Dergelijke kwetsuren kunnen zich ook voordoen in de rest van het lichaam. "Bijvoorbeeld bij de organen in borstkas en buik", vervolgt Kox. "De lichaamsslagader in de borstkas hangt ook aan een aantal vliezen en wordt een beetje gesteund door de wervels, maar kan scheuren door een voorwaartse beweging als de rest van het lichaam al tot stilstand is gekomen. Dat geldt ook voor organen in de buik, zoals de lever of de milt. In exceptionele omstandigheden kan iemand geplet worden door de veiligheidsgordels in zijn stoel en kan de alvleesklier beschadigd raken. Dat gebeurt als het lichaam naar voren wil, maar de gordel het lijf tegenhoudt. De kans dat zoiets gebeurt in een racewagen is dankzij de zespuntsgordel klein. Dit is meer een gevaar bij ongelukken in personenauto's."

Hoeveel G-krachten kan een mens hebben? Na zijn zeer zware crash op Spa-Francorchamps stapt Jos Verstappen tot ieders verbazing zelf uit zijn auto, al loopt hij wat wankel en heeft hij een verdwaasde blik in zijn ogen. "Later bleek dat de G-krachten die bij dat ongeluk vrijkwamen Jos zouden hebben gedood of een ernstige hersenbeschadiging hebben opgeleverd als de auto niet was uitgerust met een hoge cockpitrand én als zijn helm niet zo goed was geweest", vertelt FIA-dokter Sid Watkins in zijn boek *Beyond the Limit*. Jos Verstappen zou bij zijn crash op Spa in 1996 maar liefst 180G hebben doorstaan. Kees Kox: "Dat lijkt mij veel, maar ik weet dat coureurs bij de Champcar-races in Amerika soms ruim meer dan honderd G te verwerken krijgen op hun lichaam. Die coureurs hebben dan wel steun van het HANS-systeem." Formule 1-coureurs zijn topsporters. Onvoorstelbaar fit. Helpt dat bij het doorstaan van een ongeval? "Niet per se; ik denk dat conditie belangrijker is om een hele race lang geconcentreerd te blijven. Coureurs herstellen vaak snel, maar dat komt doordat ze jong zijn. In het dagelijks leven herstellen jonge mensen ook sneller dan ouderen. Personen van hogere leeftijd komen na ongelukken op de openbare weg meestal ook in slechtere toestand aan in het ziekenhuis." Kort na een ongeluk reageren coureurs vaak verward. Het gevolg van een hersenschudding en het bijbehorende verlies aan coördinatie en geheugen. Degenen die Jos na zijn ongeluk spraken viel het op dat de Limburger sprak met een stem alsof hij liters bier achterover had geslagen. Een dronkeman. En Heinz-Harald Frentzen zorgde na zijn zware crash in Canada in 1999 bijna voor een grappig moment. Sid Watkins, opnieuw in zijn boek: "We kwamen bij zijn auto en Heinz-Harald was enorm aan het schelden. Hij sloeg continu met zijn handen op het stuur. Hij was boos op de FIA. Die hadden de diameter van de remschijven gewijzigd en Frentzen legde de schuld van zijn crash bij de remmen. We hielpen hem uit de auto en wandelden samen naar de doktersauto. Er leek weinig aan de hand. Plotseling zei hij 'Ik ben terug.' Voor zover wij wisten was Heinz de hele tijd bij bewustzijn geweest, maar zoals wel vaker voorkomt bij een hersen- of hoofdblessure was hij, terwijl hij zich volkomen normaal gedroeg, even helemaal van de wereld geweest." Ook Luciano Burti gedraagt zich na zijn crash in Spa anders dan normaal. Als Burti bijkomt is hij zeer boos op Eddie Irvine, die hij als veroorzaker ziet van het ongeluk, en scheldt hem de huid vol. Die woede-uitbarsting kan zijn veroorzaakt door de medicamenten die Burti toegediend kreeg, die een vreemde invloed kunnen hebben op iemands persoonlijkheid. De anders zo rustige Burti kan zich ook nu nog vrijwel niets van het ongeluk herinneren. De herinnering komt mogelijk pas later terug. Kox: "Een mens heeft twee soorten geheugen: een langetermijngeheugen en een kortetermijngeheugen. Vergelijk die lange termijn maar met de harde schijf van een computer. Het kortetermijngeheugen houdt bij wat er de laatste vijftien tot twintig minuten is gebeurd. Dat kan worden gewist als de klap erg hard is." Coureurs die net een ongeluk hebben gehad voelen vaak in eerste instantie geen pijn. Ze stappen uit hun auto en storten pas later, veilig achter de vangrail, in elkaar. Er wordt gezegd dat die reactie wordt veroorzaakt door de adrenaline. Kox: "Als iemand schrikt wordt er adrenaline aangemaakt in het merg van de bijnier. Het is een hormoon dat een reactie geeft op bloedvaten. Het verkrampt bepaalde bloedvaten in delen van het lichaam die je niet nodig hebt. Bijvoorbeeld de darmslagaders. Tegelijk stuurt het extra bloed naar bloedvaten die dat wel nodig hebben. Met name het hart en de hersenen. Door dat extra bloed komt er meer zuurstof in organen die dat nodig hebben. Vaak zelfs meer zuurstof dan nodig. Daardoor wandelen coureurs soms in eerste instantie zelf weg."

"Ik neem de verantwoordelijkheid voor wat ik doe; ik ken de risico's", zei de Amerikaanse racelegende Richard Petty eens tegen zijn vrouw. "Als ik overlijd en jij gaat daarover tegen iemand een rechtszaak aanspannen dan kom ik achter je aan." Zover is het nooit gekomen, want Petty overleeft zijn 35-jarige raceloop-baan. Zijn negentienjarige kleinzoon overlijdt tijdens een ovalrace voor de Busch-series. "Onafwendbaar", is de eerste reactie van de oude patriarch van de Petty-familie. "Het moest zo zijn." Een merkwaardig staaltje Amerikaanse machocultuur. Die houding komt voort uit een soort afweermechanisme dat alle autocoureurs in zich hebben. De een wat meer dan de ander. Harde humor hoort daar ook bij. Als in Spa bekend wordt dat er mogelijk een gaatje in het schedeldak van Luciano Burti moet worden geboord om een bloedprop te verwijderen, reageert een van de coureurs met de opmerking: "Ik heb nog wel wat boortjes liggen." Professionele coureurs weten dat emoties hun werk in de cockpit alleen maar lastiger maken en schakelen hun gevoelens uit als ze in de cockpit stappen. Dat doet ook Rubens Barrichello in Spa-Francorchamps, na het ongeluk van zijn vriend Burti. "Ik vertrouwde de mensen op de grid die mij vertelden dat Luciano ademhaalde. Ik wist niet of hij iets gebroken had, maar ik moest mij op mijn werk concentreren.

Na de race ben ik direct naar het ziekenhuis gegaan." Rubens waakt daar urenlang naast het bed van Luciano.

Een verschil tussen Formule 1-coureurs en 'normale' mensen is dat coureurs een ongeluk snel vergeten of in ieder geval verdringen. Jos Verstappen antwoordt op de vraag of hij na het ongeluk van Burti terug had gedacht aan zijn eigen crash op Spa met: "Nee, het is dat jij er nu over begint, anders had ik daar vandaag niet bij stilgestaan." Wellicht juist doordat ze zich hun ongeluk niet kunnen herinneren, denkt geen van de gecrashte coureurs aan stoppen. Integendeel zelfs. Ze willen na hun crash zo snel mogelijk weer racen. Gary Hartstein, een chirurg uit Luik die bij de FIA wordt gezien als de troonopvolger van Sid Watkins, heeft een duidelijk advies: "Rust zo lang mogelijk uit, tot je lichaam weer honderd procent in orde is. Met de conditie die je had voor het ongeluk. Als dat zo is, kun je een dag later weer racen. Als je lichaam en je gevoel zeggen dat je beter nog even kunt wachten en als je bijvoorbeeld nog moe bent, dan moet je thuis blijven. Het ergste dat een coureur kan overkomen, is dat hij na een zwaar ongeluk te snel terugkeert." Vandaar dat Ralph Firman in Hongarije niet meer in actie komt en ook de race in Italië niet meerijdt. Daarvan wordt gezegd dat dit een truc is van Eddie Jordan. Door te doen alsof Firman niet in staat is te racen, kan Zsolt Baumgartner net als in Hongarije in de Jordan-cockpit kruipen. Dat levert Jordan weer wat extra geld op. Firmans bijnadood is Jordans brood. Wat dat betreft lijkt de Formule 1 bijna op het dagelijkse bestaan.

Emo-tv

Op Monza worden emoties vaak de vrije loop gelaten. En geregistreerd door de nietsontziende televisiecamera's. Mika Häkkinen barst in tranen uit als hij in 1999 de leiding van de race verliest door een domme rijdersfout. Hij waant zich onbespied als hij zijn tranen de vrije loop laat, maar de helikoptercamera stuurt de beelden de hele aardbol rond. Ook de huilbui van Michael Schumacher in 2000 wordt wereldwijd verspreid. Schumacher houdt het niet droog als hij op dat moment net zoveel races heeft gewonnen als de betreurde Ayrton Senna. De Grand Prix van Italië in 2001 verloopt zó emotioneel dat die race mij altijd bijblijft. Ook de Formule 1 siddert dan nog na van de terreuraanslag op het World Trade Center in New York, een paar dagen voor de Grand Prix. De race gaat door, mede op aandringen van de Italiaanse politiek, maar feestjes worden afgelast en vrijdagmiddag wordt er een minuut stilte in acht genomen. Ferrari haalt alle sponsoruitingen van zijn wagens en rijdt met een zwarte neus.

Net als het Formule 1-weekeinde weer in zijn normale routine komt, druppelt zaterdagmiddag het bericht door dat voormalig Formule 1-coureur Alessandro Zanardi in levensgevaar is na een horrorongeluk in Duitsland. Als ik het bericht hoor ga ik op zoek naar Greg Wheeler, tegenwoordig de engineer van Jos, maar voordat hij naar Arrows en later Minardi ging de engineer van Zanardi. Wheeler wordt stil als hij het slechte nieuws hoort. Jaguar-coureur Pedro de la Rosa loopt langs en vraagt wat er aan de hand is. Ook hij reageert geschokt. Binnen een paar minuten hervinden De la Rosa en Wheeler zich en beginnen ze een gesprek over banden. Ik sta daar dan nog gewoon bij en hoor zaken die absoluut niet voor de oren van een journalist zijn bestemd. Groot nieuws, dat ik niet kan publiceren maar dat voor mij wel opheldering verschaft over een aantal vragen die ik heb over de banden. Ik betrap mezelf erop dat ook ik, minuten nadat ik twee mensen heb verteld dat een goede collega van hen er slecht aan toe is, gewoon verderga met mijn werk. Ik weet niet of ik mezelf daardoor trots een professional mag noemen of dat ik een gevoelloze lul ben.

Iedereen die in de Formule 1 werkt, ongeacht in welke hoedanigheid, weet dat de dood onlosmakelijk met de sport is verbonden. Sinds ik de Formule 1 volg zijn er in de Grand Prix-weekeinden vier mensen overleden. Twee marshals en twee coureurs die in het bijprogramma in actie kwamen. Als iemand overlijdt ben je daar natuurlijk van onder de indruk, maar het betekent niet dat je gaat nadenken over een ander beroep. Al wordt er soms veel te makkelijk gedaan over een dodelijk ongeval. Na de dood van een coureur in het bijprogramma van de Britse Grand Prix in 2003 werd er niets bekendgemaakt, laat staan iets omgeroepen. Er werd slechts een A4'tje opgehangen, op het bord waar ook de weersverwachting hangt.

Gedurende dat onwaarschijnlijk emotionele weekeinde op Monza in 2001 stapelen de vreemde en aangrijpende gebeurtenissen zich op. Mika Häkkinen, de wereldkampioen van 1998 en 1999, kondigt zijn afscheid aan. Hij zegt dat het in eerste instantie slechts om een sabbatical van één jaar gaat. Kimi Räikkönen wordt zijn opvolger. Häkkinens grote tegenstrever, Michael Schumacher, zit niet goed in zijn vel. Misschien doordat hij bij een test op Monza zwaar is gecrasht stelt hij voor om gedurende de eerste ronde niet in te halen in de eerste twee chicanes, een plan dat meteen wordt getorpedeerd door de overige deelnemers. En precies een jaar nadat hij zijn laatste overwinning behaalde in de Amerikaanse Champcars, nota bene op de verjaardag van zijn vader, wint Juan Pablo Montoya voor het eerst een Grand Prix. Echt gefeest wordt er bij Williams niet; daarvoor leeft men te veel mee met Alessandro Zanardi.

De race in 2002 krijgt een hartverwarmend slot door de manier waarop de tifosi de coureurs op het podium toejuichen. Het hele rechte stuk ziet Ferrari-rood als winnaar Rubens Barrichello, de als tweede gefinishte Michael Schumacher en nummer drie (en ex-Ferrari coureur) Eddie Irvine het podium beklimmen. Het nieuwe podium, waardoor de coureurs pal boven het publiek staan. "Zover mijn ogen reikten zag je mensen. Ik voelde mij net een popster op de bühne. Ik had zin om het publiek in te springen. Ik denk niet dat ik ooit nog zoiets meemaak", genoot Barrichello na. Een jaar later wint Ferrari opnieuw; die keer met Michael Schumacher. Kees van de Grint staat na de race met de tranen in zijn ogen. De Bridgestone-engineer heeft er opnieuw aan bijgedragen dat Ferrari een race heeft gewonnen en de wereldtitel weer in zicht komt. Na een donkere periode voor Bridgestone, waarin Michelin (al of niet geholpen door te brede voorbanden) de meest succesvolle bandenfabrikant was, staat Bridgestone weer op de hoogste trede van het podium. Pas als ik Kees interview besef ik onder welke druk hij heeft gestaan. De opluchting zorgt voor grote emoties bij Van de Grint. Doordat ik Kees goed ken (hij heeft veel voor mij gedaan in mijn kartjaren en schrijft voor RaceReport) ben ik onder de indruk. Het is een mooi moment, waardoor ik opeens moet terugdenken aan dat sombere weekeinde twee jaar eerder.

Greg Wheeler voorspelt tijdens het gesprek waarin ik hem vertel over Zanardi's ongeval dat we Zanardi snel zullen terugzien als hij het overleeft. "Ook als hij zijn benen kwijt is. Hij zal zelf met oplossingen komen om weer zo normaal mogelijk te kunnen leven." Zanardi maakt in oktober 2003, in een aangepaste BMW, zijn comeback tijdens een race voor het Europees kampioenschap toerwagens. Op Monza.

De First One komt naar Amerika

Als er vlak voor je iemand zit met een cap met de tekst *Operation Iraqi Freedom*, de stewardessen de pensioengerechtigde leeftijd naderen en een passagier (Olav!) bij de douanecontrole zijn schoenen moet uittrekken om die te laten scannen, dan weet je dat je op weg bent naar de Amerikaanse Grand Prix. De strenge veiligheidsmaatregelen zijn een gevolg van de terroristische aanslagen op 11 september 2001, anderhalve week voordat ik dat jaar naar Indianapolis reis. Op het Amerikaanse consulaat is men aangenaam verrast als ik, binnen een week na de aanslagen, een journalistenvisum kom aanvragen. Ik krijg een persoonlijk gesprek met de Amerikaanse consul. Hij heeft geen idee wat Formule 1 is, maar vindt het prachtig dat er ondanks de aanslagen een groot sportevenement wordt georganiseerd en dat daar Europese journalisten naartoe gaan. Al staan die niet te springen. Frits van Eldik legt in de RaceReport bij de GP van Italië, voorafgaand aan de Amerikaanse race, met een prachtig citaat uit waarom wij toch gewoon naar Amerika reizen. "Niemand in de paddock kijkt uit naar de US Grand Prix, maar veel keus is er niet. Als er gereden wordt, staan wij voor u langs de baan, achter de camera, in de commentaarpositie en hollen we achter gestrande coureurs aan. Wat mij betreft niet omdat ik verslaafd ben aan autosport, maar omdat ik vind dat we zoveel mogelijk moeten genieten van de mooie dingen. En dus ga ik."

Voor mij is 2001 het tweede bezoek aan Indianapolis. De eerste keer, een jaar eerder, is in verschillende opzichten historisch. Omdat er voor het eerst sinds lang weer een Formule 1-race in de Verenigde Staten wordt gereden en omdat die in Indianapolis plaatsvindt. Voor mij persoonlijk is het historisch omdat het mijn eerste bezoek aan de Brickyard is, voor de Amerikanen is het een historische aangelegenheid omdat er een groot aantal voornamelijk Europese bezoekers hun kant uit komt voor een sport waarvan ze het bestaan niet eens kennen. *"Are you here to see the new cars?"* vraagt de verkoopster van de supermarkt in Indianapolis. Jazeker, ik kom voor de 'nieuwe auto's'. "Hoe worden ze ook alweer genoemd?" vervolgt de winkeldame. "Is het niet First One of zo?" De Formule 1-publiciteitsmachine heeft in 2000 in Indianapolis nog heel wat werk te verzetten. Een van de grootste Amerikaanse televisiezenders heeft het in zijn reclame voor de race steeds over de 25 beste coureurs ter wereld, terwijl ik toch vrij zeker weet dat er maar 22 coureurs aan de start staan. Een aantal RTL-collega's moet uitleggen wat 'F1' betekent. De Amerikanen bekijken de Europese invasie met een combinatie van nieuwsgierigheid, enthousiasme en stijgende verbazing over de Formule 1-reglementen. In Amerika wordt op de ovals niet geracet als het regent. De Formule 1-coureurs gaan tijdens een regenbui gewoon de baan op. "Gebruiken ze dan ruitenwissers?" was een serieus bedoelde vraag van een van de vele vrijwilligers op Indy (bejaarde mannetjes en vrouwtjes, die het evenement perfect onder controle hebben). Ondanks hun onbekendheid met de Formule 1 is de gastvrijheid van de Amerikanen groot. De dinsdag voor de race in 2000 worden alle taxichauffeurs op het vliegveld bijeengeroepen. Hun wordt verteld dat er de komende dagen veel racefans uit Europa en Afrika (!) komen en dat zij de eerste Amerikanen zijn die de fans te zien krijgen. De taxichauffeurs moeten daarom perfecte gastheren zijn en een goede indruk achterlaten. Een lokale diskjockey vraagt zich af wat Europeanen 's avonds eten en of de restaurants wel in staat zijn de Formule 1-wereld van het voedsel te voorzien dat ze gewend zijn. Dat lukt prima. Ook bij Hooters, waar de sfeer gelijk is als die in Europa en de dames net zo schaars gekleed zijn. *"Are you with one of the teams?"* vraagt een rondborstige Amerikaanse Hootergirl mij blij. Om vervolgens wat teleurgesteld af te druipen, ik ben slechts journalist.

De populairste Nederlander in Indianapolis is Arie Luyendijk.

Of, zoals de Amerikanen schrijven, Luyendyk. Ik ben getuige van een prachtige scène als er een touringcar over het circuit van Indianapolis sukkelt, gevuld met bejaarden die een bezoekje brengen aan de legendarische racebaan. De oudjes luisteren doodstil naar hun gids. Tot de hel losbreekt. Als een groep pubers die Jamai ziet staan drukken de oudjes hun neus tegen de ramen. Ze zien Arie Luyendyk lopen! Arie wordt in 1985 *Rookie of the Year*, wint in 1990 de Indy 500 met een gemiddelde van 299,299 kilometer per uur (nét geen driehonderd dus, maar toch de snelste Indy 500 ooit), eindigt in 1991 als derde, ligt in 1992 tweede tot hij een ongeluk krijgt en start in 1993 van pole-position, waarna hij opnieuw tweede wordt. In 1996 wordt Arie op Indy de allersnelste ooit. Tijdens de vrije training rijdt hij de snelste ronde op Indy met een gemiddelde van 385,041 kilometer per uur en in de kwalificatie breekt hij de snelheidsrecords voor één vliegende ronde en voor vier aaneengesloten ronden, de afstand die een Indy-coureur in de kwalificatie moet rijden. In 1997 wint Arie voor de tweede keer de Indy 500. Zijn populariteit heeft Luyendyk mede te danken aan de koele manier waarop hij op ongelukken reageert. Zo vertelt hij dat hij van zijn rugpijn is genezen door bij een crash steenhard achterwaarts het beton in te stuiteren. Als hij een keer over de kop slaat en met hoge snelheid ondersteboven over het asfalt schuurt, meldt hij zijn team tijdens de schuiver over de radio dat het onderstuur dat hem het hele weekend plaagt is verdwenen, maar dat de wegligging er niet beter op is geworden. Toch ziet Arie het gevaar ook, al heeft hij moeite zichzelf te overtuigen. Na de Indy 500 van 1999 neemt hij afscheid van de racerij, om in 2001 een comeback te maken. Als Arie tijdens de kwalificatie voor de race van 2003 zwaar crasht en besluit niet aan de race deel te nemen vertelt hij aan Allard Kalff dat het nu toch echt genoeg is geweest. Een paar maanden later laat hij weten toch na te denken over de Indy 500 van 2004. Negentien jaar na zijn eerste deelname staat Arie waarschijnlijk weer aan de start en hoopt hij dat er opnieuw een Luyendyk Rookie of the Year wordt. Niet hijzelf natuurlijk, maar zijn zoon. Arie senior wil samen met Arie junior de Indy 500 rijden. Of besluit Arie toch definitief te stoppen? Ik heb geen idee, maar vraag me wel af hoe zwaar de vele ongelukken in de Indy Racing League (met de auto's die ook op Indy rijden) meewegen bij de beslissing van Luyendyk senior. Oval-racing is levensgevaarlijk. De laatste maanden van het IRL-seizoen worden gekenmerkt door zeer, zeer zware ongelukken. Terwijl Kenny Brack in het Methodist Hospital ligt te herstellen van een megaongeluk resulterend in vele botbreuken, overlijdt op weg naar datzelfde ziekenhuis het Amerikaanse talent Tony Renna. De 26-jarige coureur is met fatale gevolgen gecrasht tijdens een test op Indianapolis. Die ongelukken zullen Arie, een van mijn grote helden, niet in de koude kleren gaan zitten. Als ik hem in 2000 voor het eerst ontmoet blijkt hij een vreselijk aardige kerel te zijn, zonder kapsones. Doodnormaal. Als ik hem in de jaren daarna op Indy weer spreek blijkt hij zelfs zo normaal dat hij een leesbril nodig heeft als hij iets in zijn agenda wil opzoeken. Een leesbril! Voor de snelste man van Indy!

De grootste publiekslieveling van de Grand Prix op Indy in 2003 is echter niet Luyendyk, noch Michael Schumacher. Dat weekeinde draait alles om Juan Pablo Montoya. Door zijn overwinning in de Indy 500 in 2000 en omdat er veel Colombianen naar Indianapolis zijn afgereisd, zijn alle camera's op de goedlachse Colombiaan gericht, die daar goed op inspeelt. Montoya is in de paddock sowieso een aangename verschijning. Hij kan vreselijk nukkig zijn, maar over het algemeen is hij altijd bereid tot een praatje, ook als hij een rotmoment achter de rug heeft. De professionaliteit van Montoya blijkt ook als hij een dagje naar Amsterdam komt. Frits van Eldik is gevraagd het bezoek op beeld vast te leggen. Er wordt besloten Montoya een stukje over de grachten te laten fietsen. Dat wil zeggen: áls hij kan fietsen. Daar hebben we eigenlijk geen idee van. Later blijkt dat hij prima kan fietsen, het is zelfs een van zijn hobby's. Als het gezelschap bij het

Amstelveld is aangekomen passeren we een man die, waarschijnlijk zoals gewoonlijk, zijn hondje uitlaat. Hij is volledig in gedachten verzonken. Plotseling holt de man enthousiast naar de BMW waarin Montoya op de achterbank zit en hij verliest alle decorum uit het oog. Wild zwaaiend met zijn armen maakt hij bewegingen alsof hij aan het sturen is. Het hondje vliegt bijna door de lucht. "Montoya!" kraait hij uit, en het onderwerp van zijn bewondering kan een glimlach niet onderdrukken. "Natuurlijk race ik liever, maar dit soort dagen horen bij mijn werk", zegt hij. "En vandaag is een leuke dag. Ik merk dat mensen positief over mij praten en de reacties zijn prachtig, ook hier in Amsterdam. Dat is natuurlijk leuk om te ontdekken." Een paar dagen later krijgen we een brief op de redactie met een merkwaardig verzoek. De schrijver, een enorme Formule 1-fan, was die week zijn hond aan het uitlaten op het Amstelveld in Amsterdam toen hij plotseling zijn grote held Montoya zag. Hij kon zijn ogen niet geloven! Toen hij het verhaal 's avonds thuis aan zijn vrouw vertelde, verklaarde die hem meteen voor gek. Kunnen wij haar misschien laten weten dat Juan wel degelijk in Amsterdam is geweest...

Het contrast met zijn teamgenoot Ralf Schumacher is groot. Dat blijkt als de jongste Schumacher op zijn beurt begin 2003 op verzoek van een sponsor een dagje Amsterdam doet. Ralf laat uit alles blijken dat hij er geen zin in heeft. Hij zit de hele dag aan de telefoon en belt lang met het thuisfront over de temperatuur van de jacuzzi. De gasten van de sponsors laat hij links liggen. Door dergelijk gedrag en doordat hij veel minder hecht aan een goed contact met zijn monteurs, zal Ralf nooit zo populair worden als Montoya. Al gaat hij steeds beter presteren en weet hij in 2003 Montoya een aantal keren te overklassen. Maar op het gebied van de public relations, waarin Montoya in Amerika zo goed is geschoold, zal hij wel altijd het onderspit delven.

De mening van Jos

Grauwe en saaie gebouwen, heel veel hele kleine autootjes die vaak zijn voorzien van televisie, overal op straat automaten waar je niet alleen frisdrank kunt kopen maar ook dampende koffie, patat, zoutjes, soep en onderbroeken. Hotelkamers die zo klein zijn dat je de koffers op de gang moet zetten, cafés waar westerlingen niet mogen komen, onvoorstelbaar hoge prijzen voor hotels en restaurants, verwarmde wc-brillen met een knopje om 'doortrekgeluiden' te maken. Fantastisch lekker vlees, afkomstig van koeien die bier hebben gedronken en zijn gemasseerd. Politieagenten die het niet erg vinden als je hun megafoon afpakt om de toeschouwers in het Nederlands toe te schreeuwen, restaurants waar je niet met zeven man tegelijk kunt worden geholpen maar wel tegelijk binnen kunt komen met een groepje van drie en een groepje van vier personen. Japan is de merkwaardigste race van het jaar.

De Japanners aanbidden de Formule 1-coureurs. Als een vrouwelijke Japanse racefan een bevestigend antwoord krijgt op de vraag "Joe al Jos Velstappen?" barst ze in een langdurig gekreun uit. Als Nick Heidfeld, David Coulthard en Jos aan het trainen zijn in de fitnessruimte bij hun hotel dondert een Japanner dwars door een deurtje als hij probeert een foto te maken van de trainende coureurs. En wat te denken van een Japanse die helemaal begint te trillen als Jos haar toestaat om een foto van hem te maken? Bij de Grand Prix van 2003 hangt er achter in de Minardi-garage een spandoek waarop een aantal Japanse studentes Nederlands Jos een hart onder de riem steekt. In het Nederlands. Verstappen kan de steun wel gebruiken, want de Japanse Grand Prix is dit jaar niet zijn meest plezierige race. Ik heb met Jos in Indianapolis een interview gedaan waarin hij ongekend fel heeft uitgehaald naar Minardi. Verstappen is het hele jaar positief geweest over het team, maar is er tegen het einde van het seizoen helemaal klaar mee. Dat vertelt hij aan alle Nederlandse journalisten die naar Indianapolis zijn gereisd, maar tegen mij is hij het meest openhartig. Wellicht omdat ik vrijdagochtend op Indianapolis met eigen ogen en oren heb gezien wat voor zooitje het is bij Minardi. In het televisie-item 'Team Verstappen' behandelen we deze keer de boordradio. In het begin van de vrije training maken we ook geluidsopnamen, totdat Greg Wheeler vraagt of we daarmee kunnen stoppen. Het loopt namelijk niet van een leien dakje en dat heeft Wheeler liever niet op televisie. Hij vindt het geen probleem als ik de radio wel blijf beluisteren. Daar heeft teammanager John Walton ook toestemming voor gegeven. Met stijgende verbazing zie en hoor ik wat er zich allemaal in de Minardi-garage afspeelt. Dat veel Italiaanse technici het liefst voor hun landgenoot en testcoureur Gianmaria Bruni werken weet ik al. Nu hoor ik ook dat een setje banden dat is bedoeld voor Jos, onder de wagen van Bruni wordt geschroefd. Greg Wheeler heeft net op tijd door wat er aan de hand is en laat de banden onder de auto van Jos monteren. Waar ze thuishoren. Als Jos later op weg is de tijd van Bruni fors te verbeteren, valt hij stil doordat zijn benzine op is. "Greg, dit is ongelofelijk", treurt Jos over de radio. Als ik Jos later naar deze en een aantal andere voorvallen vraag loopt hij helemaal leeg. Jos ziet mijn minidisk liggen, dus weet dat zijn uitspraken worden gebruikt in een verhaal, maar heeft daar even maling aan. Hij heeft het hele jaar mooi weer gespeeld, nu is het tijd voor de waarheid. Jos praat uitgebreid over het falen van Minardi, dat volgens hem grotendeels wordt veroorzaakt door een aantal Italiaanse medewerkers binnen het team. Die mogen wat hem betreft vertrekken.

De waarheid komt hard aan. Vooral bij Minardi. Ook doordat er op internet Engelse vertalingen verschijnen van mijn artikel, waar zaken in staan die er helemaal niet in voorkomen. Jos is boos. Met nog één race te gaan heeft hij geen zin in gezeur. Hij had liever gehad dat de uitspraken pas na de race op Suzuka zouden zijn gepubliceerd. Bovendien is een aantal van zijn uitspraken verdraaid. In RaceReport is dat naar mijn idee niet gebeurd, in de Engelse versies op internet is dat wel het geval. Dat blijkt als ik in Suzuka de kwestie bespreek met John Walton, nadat ik met Jos overigens alles allang heb uitgesproken. Walton vertelt pas de woensdag voor de Japanse Grand Prix een goede vertaling te hebben gekregen van het verhaal en hij heeft daarin nuances gelezen die hij in zijn eerste Engelse versie niet had gezien. Ik vertel Walton dat ik het vreemd vind dat er altijd wordt geroepen dat niemand de berichten op internet moet geloven over een eventuele overname van Minardi door Italiaanse investeerders, maar dat ze in dit geval wel blind zijn afgegaan op een internetsite. Een aantal Engelsen dat voor Minardi werkt laat weten dat Jos nog vriendelijk is geweest. Er moeten volgens hen veel meer Italiaanse medewerkers weg dan de twintig over wie Jos het heeft. Paul Stoddart is kwaad op Jos maar ook op mij, omdat ik volgens hem de positie van Jos in gevaar breng maar ook de toekomst van RaceReport. Hebben wij er geen baat bij als er goed over Jos wordt geschreven? Hij rijdt in 2004 toch gewoon weer bij Minardi? Jos had volgens Stoddart nooit interne problemen naar buiten mogen brengen. Iets wat Stoddart de laatste jaren zelf regelmatig wel heeft gedaan en waar ik veel profijt van heb gehad. Als ik Stoddart zeg dat ik de positie van RaceReport ook in gevaar breng als ik positieve dingen schrijf over Jos als die er helemaal niet zijn, reageert hij niet. Maar zo werkt het wel. Als er problemen zijn met of rond Jos, dan schrijf ik daarover. Als ik dat niet doe, zullen de lezers mij al snel niet meer serieus nemen. Na het verschijnen van het verhaal krijg ik opvallend veel complimenten van collega's. Een aantal van hen is verrast; zij vinden dat ik over het algemeen te positief over Jos schrijf. Bovendien heeft Jos een publiciteitscontract met RaceReport (dat in de week voor Japan overigens werd verlengd) en vragen zij zich al een tijdje af of dat nog journalistieke beperkingen met zich meebrengt. Nee, dus.

Er wordt gezegd dat Jos er niet verstandig aan heeft gedaan om zo fel van leer te trekken. Maar wat moest hij dan? Ik snap de mensen ook niet die het hem (of mij, als doorgeefluik) kwalijk nemen dat Jos zo duidelijk voor zijn mening is uitgekomen. Aan dergelijke coureurs hebben we toch juist behoefte? Niet aan rijders die alleen maar mooie pr-praatjes afsteken. Eddie Irvine zijn we al kwijt, de Grand Prix van Amerika in 2003 is waarschijnlijk de laatste race van Jacques Villeneuve geweest en Heinz-Harald Frentzen weet in Japan nog niet of hij in maart 2004 in Melbourne weer op de grid staat. Allemaal coureurs die de laatste jaren niet uitblinken door topresultaten, maar die de Formule 1 toch kleur geven. Ze hebben af en toe een grote mond, maar wat is daar mis mee? Ik denk dat er juist goed naar ze geluisterd moet worden. Bovendien is het altijd leuk om uitspraken te lezen van mensen die iets te vertellen hebben. Ironisch genoeg geeft BAR bij de Japanse Grand Prix een boekje uit met een aantal quotes van Jacques Villeneuve. De Canadees heeft het boekje zelf nooit gezien, want hij is op dat moment al vervangen door Takuma Sato. "Formule 1 is op zoek naar nieuwe jonge helden, die een bepaald imago hebben", wordt Villeneuve geciteerd. "Iedere keer hebben ze het over een nieuwe Senna of een nieuwe Prost. Maar kijk wat er gebeurt met deze wonderkinderen. Het worden machines die machines besturen. Het is makkelijker om als team met een menselijke machine te maken te hebben, dan met een rijder die karakter heeft."

Als RTL-medewerkers hebben we een moeilijke Japanse Grand Prix. Na een vlucht van ruim tien uur naar Osaka en een autorit van zes uur naar Yokkaichi komen we eindelijk aan in ons hotel. Olav is nauwelijks in zijn kamer als de telefoon gaat. Producer Frank Verzantvoort vertelt dat RTL de uitzendrechten van de Formule 1 is kwijtgeraakt aan SBS. Het spreekwoord 'als een donderslag bij heldere hemel' is nog nooit zo van toepassing geweest. Hoe nu verder? Voor mij heeft de verhuizing van de Formule 1-rechten minder consequenties dan voor veel andere medewerkers van RTL, productiemaatschappij Holland Media House en de vaste club mensen die al jarenlang op locatie en in Hilversum het Grand Prix-programma maakt. Ik had toch al besloten te stoppen met mijn werk als pitreporter. Ik ben vanaf 2004 niet meer lijfelijk aanwezig bij alle Grands Prix. Ik blijf voor RaceReport werken en ik blijf ook autosporttelevisie maken. Hoe, dat weet ik nog niet precies. Dat wordt sowieso pas de komende maanden duidelijk. Ik baal er vooral van dat de mensen die zich al wel helemaal op het Formule 1-seizoen 2004 aan het voorbereiden waren, nu, na twaalf jaar Formule 1 op RTL, plotseling achterblijven in onzekerheid. Net als de kijkers.

De overgang naar SBS biedt kansen, maar het is lastig om die goed in te schatten als je een week lang aan de andere kant van de wereld verblijft. Dat is ook van later zorg. Eerst willen we op een goede manier verslag doen van de Grand Prix in Japan. Je zou haast vergeten dat er nog twee wereldtitels zijn te vergeven. We nemen ons voor de kijkers naar de Japanse Grand Prix niets te laten merken van het rotgevoel dat er heerst. Als de race voorbij is en een stomdronken kampioen Michael Schumacher samen met zijn broer en Olivier Panis een aantal kantoortjes op het circuit van Suzuka verbouwt, zitten wij in ons busje terug naar Osaka. Om wakker te blijven hebben we een liedjesboek bij ons met songteksten uit de categorie 'Do wah diddy', 'YMCA' en 'Een beetje verliefd'. Net als we de klassieker van André Hazes inzetten belt Freddy Gonzales, de diskjockey die samen met Olav een programma heeft op Yorin FM. We zingen de longen uit ons lijf. Vals, schor, met de verkeerde tekst. Freddy neemt ons gekrijs op en zendt het uit. Later horen we dat het klinkt alsof niet alleen Schumacher, maar ook wij stomdronken waren. We hebben echter geen druppel alcohol op en zijn beslist niet dronken. Wel hebben we een kater.

Van het GAK naar de Formule 1

Tijdens de vrijdagochtendtraining voor de Amerikaanse Grand Prix in 2000 sta ik in het toilet te bellen met mijn vrouw. Alleen daar is het stil genoeg om te horen wat Marieke vanuit Nederland te vertellen heeft. Het gaat slecht met mijn moeder. Kanker. Ze is al een paar jaar ziek; in 2000 heb ik mij iedere race weer afgevraagd of ik wel weg kan. Naar Hongarije ben ik niet geweest, ik was slechts één dag op Monza (waar ik zo opgefokt was dat ik een prachtig interview had met BAR-teambaas Craig Pollock). Tijdens de Amerikaanse GP is mijn moeder er wel erg beroerd aan toe. Moet ik naar huis gaan of kan ik op Indianapolis blijven? Luisterend naar Marieke besluit ik nog even af te wachten, maar in gedachten zit ik al in het vliegtuig naar Schiphol. Een paar uur later gaat het weer iets beter met mijn moeder. De verbetering zet door en ik maak het weekend op Indianapolis gewoon af. De dinsdag na de race ben ik terug in Nederland. Twee dagen later overlijdt mijn moeder.

Deze situatie schetst een van de nadelen van het beroep van autosportjournalist. Een prachtig beroep, maar veel van huis weg zijn en vrouw en zoon achterlaten is soms erg moeilijk. Omdat ik sinds 1995 aan het rondreizen ben, de laatste vijf jaar zelfs meer dan honderd dagen per jaar weg ben en tussendoor ook nog gewoon moet werken, besluit ik halverwege het Formule 1-seizoen 2003 te stoppen met mijn werk als pitreporter voor RTL5. Niet omdat ik dat werk niet leuk meer vind, wel omdat ik vaker thuis wil zijn en er naast het werk als pitreporter nog heel veel andere leuke klussen zijn op televisiegebied. Bovendien loopt RaceReport als een trein en wil ik daar zo veel mogelijk aan bijdragen. Al was het maar omdat ik het aan RaceReport te danken heb dat ik bij RTL als pitreporter aan de slag kon. Omdat ik namens RaceReport toch al bij de Grands Prix ben, is het een kleine stap om ook voor RTL te gaan werken. RTL en RaceReport werken toch al veel samen. Dat is voor mij een mooie samenloop van omstandigheden. Mijn aantreden bij RaceReport is dat ook. De basis daarvoor wordt gelegd in 1996. Olav Mol rijdt dat jaar voor het Citroën Saxo-team Van Vegten Racing, het team waarvoor ik de persberichten verzorg. Als Olav en Evert Kroon een jaar later Kroon Racing beginnen, verhuis ik mee. Bij Kroon Racing ontmoet ik Marco Zwaneveld, die de marketing voor zijn rekening neemt. Persberichten maken is niet het meest boeiende werk, maar je leert wel veel mensen kennen en bovendien combineer ik het schrijven van de perspraatjes voor Kroon Racing met pr-klussen voor andere bedrijven en meer journalistiek werk voor verschillende autosportbladen, vooral over karting. En daarnaast werk ik ook nog voor Sportclub TV, een sportprogramma op het Amsterdamse kabelnet. Mijn allereerste interview voor dat programma is met volleybalhëld Ron Zwerver. Die ken ik toevallig, doordat hij net als ik bij de Amstelveense club Brother Martinus heeft gespeeld. Helaas gaat het interview de mist in. Niet doordat ik domme vragen stel, maar doordat de cameraman vergeet de camera aan te zetten. Nu weten de cameramensen met wie ik sindsdien heb gewerkt, onder wie de besten van Nederland, meteen waarom ik bij ieder interview vraag of de camera loopt.

Een hoogtepunt in mijn tijd bij Kroon Racing is dat ik op het circuit van Assen een test mag doen met een Renault Mégane in race-uitvoering. Eerst rijd ik een paar rondjes mee met Olav Mol. Olav aan het stuur, ik rechts naast hem in een voor die gelegenheid ingebouwd stoeltje. Als Olav mij uitlegt hoe de sequentiële versnellingsbak werkt en hij mij laat schakelen, probeer ik de auto enthousiast in de zevende versnelling te zetten. Terwijl de Mégane maar zes versnellingen heeft. Olav slaat mijn hand nog net op tijd van de versnellingspook af. Even ben ik bang dat mijn kansen om met de Mégane te rijden zijn verkeken, maar gelukkig mag ik even later toch zelf achter het stuur van de Renault kruipen. Ik rij drie kwartier aan een stuk door en gebruik mijn ervaringen voor een verhaal in Kroon Magazine, het tijdschrift van Kroon Racing. De foto's bij het verhaal zijn van Frits van Eldik, die ik voordien eigenlijk alleen van gezicht kende. Ik had hem wel eens in de perskamer van Circuit Park Zandvoort gezien en vroeg me toen al af hoe zijn leven, dat van heuse Formule 1-fotograaf, eruit zou zien. Frits is niet aanwezig in Assen, maar twee weken later wel in Zandvoort. We besluiten de foto's daar te maken. Met behulp van een plantenspuit, ik moet er immers bezweet uitzien, komen we een heel eind. Dat is de eerste keer dat ik Frits aan het werk zie. De tweede keer dat ik met hem te maken krijg is een paar maanden later. Frits en Olav besluiten om te vertrekken bij het blad Formule 1 om voor zichzelf te beginnen. Hun blad heet RaceReport en wordt in vijf weken tijd uit de grond gestampt. Zonder marktonderzoek, zonder enquêtes bij lezers, met nauwelijks verstand van het maken van tijdschriften en met heel weinig geld, maar met het juiste gevoel over wat de Nederlandse Formule 1-fan wil. RaceReport wordt gehuisvest in het pand van de Holland Media Groep (moedermaatschappij van RTL en toen ook nog Veronica) aan de Franciscusweg in Hilversum. Eerst in de kantine, later in een vrijgekomen kantoortje. Marco Zwaneveld werkt inmiddels bij RTL Grand Prix. Hij tipt mij over de plannen van Frits en Olav. Als ik vanwege privé-omstandigheden in januari 2000 een vakantie moet afbreken en voortijdig in Nederland ben, bel ik Frits. Dat blijkt perfect getimed. Frits zoekt nog iemand die gek genoeg is om met hem alle Grands Prix af te reizen. Dat ben ik! Vanaf dat moment ben ik Formule 1-journalist.

De eerste RaceReport verschijnt de donderdag na de Grand Prix van Australië. Uiteraard is er veel aandacht voor Jos Verstappen. Die is terug bij Arrows, waar hij eind 1996 nog plaats moest maken voor Damon Hill. De zaterdagtraining verloopt slecht. Er is nog nauwelijks met de auto getest en Jos heeft problemen met de benzinetoevoer. Verstappen, gesteund door Chris Dyer (tegenwoordig engineer van Michael Schumacher) haalt het einde van de race niet door een gebroken spoorstang. Ook hebben we het nieuws dat Renault denkt aan een terugkeer in de Formule 1. Michael Schumacher wint de race, zijn Ferrari-teamgenoot Rubens Barrichello wordt tweede. Er is een interview met de Nederlandse Jordan-engineer Dino Toso (tegenwoordig hoofdontwerper van de aërodynamica-afdeling bij Renault) en interviews met Rubens Barrichello en Christijan Albers, die later in het jaar Formule 3000 gaat rijden. Er is veel ruimte voor mooie foto's.

Voor Frits is het niet alleen een spannende tijd vanwege het opstarten van RaceReport, maar ook doordat hij overstapt op digitale fotografie. Omdat we het nog niet aandurven het hele blad met digitale, via email verstuurde foto's te vullen, maakt Frits aan het begin van het seizoen ook nog flink gebruik van de ouderwetse fotorolletjes. Maar hoe krijgen we die op tijd, op zondag, op de redactie in Hilversum? We besluiten dat Frits zaterdagavond de volgeschoten fotorolletjes meegeeft aan een koerier. Vanwege het tijdverschil is dat bij de Australische Grand Prix geen probleem. Bij de tweede race van het jaar, in Brazilië, betekent het dat Frank Hulshoff, medewerker van Frits van Eldik Fotografie, naar Brazilië vliegt en een paar uur later terugkeert naar Nederland, met de fotorolletjes in zijn handbagage. Ik ben er die wedstrijden nog niet bij, want er is veel werk te verzetten in Hilversum. We willen autosportbond FIA eerst laten zien hoe serieus we zijn, voordat we een perskaart voor mij aanvragen. Vanaf de derde Grand Prix van het jaar, San Marino, doen we dat wel. Ik vlieg aanvankelijk wel steeds elke zondagochtend terug naar Nederland, met de tot dan toe volgeschoten fotorolletjes. Vanaf de Grand Prix in Montreal (waar Jos opvalt met zijn oranje helm en de vijfde plek) ben ik er de volledige Grand Prix-weekenden bij.

Dat had ik in 1995, toen ik een voorzichtig begin met mijn journalistieke carrière maakte, niet durven dromen. Ik volg de autosport al van kinds af aan, maar had er tot die tijd nooit aan gedacht om van mijn hobby mijn werk te maken. Na de havo en het vwo begin ik aan een studie politicologie. Dat blijkt veel te saai en als een hoogleraar vervolgens een tentamen van mij kwijtraakt, besluit ik te stoppen. De heao afdeling communicatie wordt vervolgens ook niks (wat studeren betreft: voor feesten had ik wel een dikke voldoende), waarna ik ga werken. Er volgt een periode met heel veel baantjes. Van medewerker bij de Sociale Dienst tot koerier in de Amsterdamse binnenstad. En alles daar tussenin. In februari 1987 kom ik bij het GAK terecht. Daar blijf ik tot halverwege 1995; dan heb ik het daar helemaal gehad. Intussen ben ik in mijn vrije tijd steeds meer gaan schrijven en werk voor vrijwilligersbladen in Amsterdam. Dat vind ik veel leuker om te doen. Als ik op een dag bij de koffieautomaat sta en twee oudere collega's hoor verzuchten dat ze het nog een jaar of tien bij het GAK vol moeten houden voordat ze met pensioen kunnen, besluit ik ontslag te nemen. Daar heb ik nog geen dag spijt van gehad.

Een absurde wereld

Ik ben een gelukkig mens, want dankzij de Formule 1 heb ik mijn horizon enorm kunnen verbreden. Ik heb alle hoeken en gaten van de wereld kunnen bekijken, landen bezocht waar ik, als ik een normale baan had, misschien wel nooit terecht zou zijn gekomen. De meeste tijd heb ik natuurlijk doorgebracht op de Formule 1-circuits, want – geloof het of niet – er wordt hard gewerkt. Maar dat is geen straf. Ik voel me een bevoorrecht mens, want ik heb vaak prachtige dingen meegemaakt. Maar er deden zich natuurlijk ook wel eens minder prettige situaties voor. Om de meeste kan ik inmiddels lachen. Hieronder zet ik de hoogte- en dieptepunten op een rijtje.

Het debuut
San Marino 2000 was mijn eerste Grand Prix voor RaceReport, Australië 2001 was mijn eerste Grand Prix als pitreporter voor RTL. Tijdens de kwalificatie op zaterdag zou ik in de Arrows-pits gaan staan. Bij Jos. Alles was prima geregeld, tot Arrows-baas Tom Walkinshaw even wilde laten zien wie de baas was. Hij dus. Ik mocht de garage niet in. Gelukkig kon ik wel bij Jordan terecht, pal naast Arrows, dus ik kon alsnog verslag doen van wat er bij Jos allemaal gebeurde. Inmiddels ben ik door geen teambaas meer te stoppen. Niet doordat ik zo stoer ben, wel doordat ik tegenwoordig een journalistenpas heb waarmee ik bijna overal kan komen en ook door de pitstraat mag wandelen.

Het beste interview
Eddie Jordan! RTL heeft mij de kans geboden een aantal langere interviews te doen, waaronder een gesprek van drie kwartier met Jos Verstappen en een lang gesprek met Toyota-baas Ove Andersson. Het beste gesprek had ik echter met Eddie Jordan in Magny-Cours in 2001. Jordan werkt altijd goed mee met de pers, maar nu vond ik hem top. De Ier sprak niet alleen over Formule 1, maar ook over Ierland en zijn grote

passie: muziek. Sindsdien geef ik hem elk jaar een cd van een Nederlandse band. In 2001 een album van Golden Earring, een jaar later van Kane. De cd voor 2003 moet ik hem nog geven.

Het slechtste interview
Tussen Luciano Burti en mij zal het wel nooit meer goedkomen. Tijdens de Marlboro Masters in 2002 reed Burti samen met Luca Badoer een aantal demonstratieronden met een Ferrari. Het was Burti niet gelukt om het ronderecord dat Badoer een jaar eerder had gereden te verbeteren. Ik vroeg hem of hij dat niet jammer vond. Dat vond hij inderdaad jammer, want Burti antwoordde dat ik niet wist waar ik het over had en mijn mond moest houden, want hij had problemen gehad met de auto en daardoor de tijd van Badoer niet kunnen verbeteren. In 2003 sta ik opnieuw tegenover Burti, deze keer in Brazilië. Ik ga weer de mist in als ik de Nederlandse tv-kijkers vrolijk vertel dat ik tegenover Luca Badoer sta. Gelukkig spreekt Burti geen Nederlands, dus het viel hem niet op.

De meest verkeerd begrepen vraag
Net als in Brazilië reed Mark Webber in 2003 in Imola de derde trainingstijd. En net als in Brazilië vroegen alle collega-pitreporters aan Mark of dat kwam doordat hij weinig benzine aan boord had en zijn auto daardoor extra licht en snel was. En net als in Brazilië was dat niet zo. Webber werd steeds pissiger en kon het nauwelijks opbrengen om telkens vriendelijk antwoord te geven op de vraag naar het gewicht van zijn auto. Daarom besloot ik om de vraag wat anders te formuleren. Door de herrie hoorde Mark echter niet mijn hele vraag, maar alleen het deel over de benzinevoorraad. "Waarom beginnen jullie daar steeds over", reageerde hij pissig. Ik baalde; zo kende ik hem helemaal niet. Als ik 's avonds de perskamer uitloop zit Webber te eten bij Minardi. Ik loop naar hem toe en leg hem uit dat ik hem juist wilde complimenteren met zijn

snelle rit en de benzine van ondergeschikt belang vond. Het misverstand is daarmee gelijk uit de wereld. Een dag later hebben we op de startgrid een leuk interview.

De bijna-arrestatie
Tegelijk met de Hongaarse Grand Prix wordt er in Boedapest een groot volksfeest georganiseerd, waardoor de hele stad op zijn kop staat... en onze route van de snelweg naar het hotel steevast wordt afgesloten. Er zit niets anders op dan om te rijden en onze weg te zoeken door de chaotische straten van de Hongaarse hoofdstad. De zondagavond na de race van 2001 bereid ik mij met Frits weer voor op een zoektocht op weg naar ons hotel, als blijkt dat het bord dat de afrit van de snelweg afsluit dwars op het asfalt staat. We kunnen er gewoon langs! Dat is gaaf, denken we, om honderd meter verder te worden aangehouden door twee boos kijkende Hongaarse agenten. Pas drie kwartier later kunnen we verder. Zonder boete, want we hebben de dienders weten te overbluffen. Door heel rustig te blijven als ze onze paspoorten afpakken. Als ze ons vertellen dat we die op woensdag kunnen ophalen, counteren we met de mededeling dat we dat niet erg vinden, omdat Boedapest zo'n mooie stad is.

De zwoelste stem
Ook een goeie was de keer dat Jack en ik nogal onder de indruk waren van het zwoele stemgeluid van productieassistente Sabrina in Hilversum. Dat gevoel willen we graag delen met Olav en producer Marco Zwaneveld. "Staat de zender naar Hilversum dicht?" vragen we aan Marco. "Jazeker", is het antwoord. Precies op dat moment komt Olav de commentaarruimte binnen. Hij zet de zender naar Hilversum weer open, waardoor al onze collega's op het thuisfront letterlijk horen hoe enthousiast wij zijn over Sabrina. Oeps!

De beroerdste reis
Na de start van het Formule 1-seizoen 2003 met de lange reizen

naar Australië, Maleisië en Brazilië voelt de terugreis van São Paulo naar Schiphol als het begin van een vakantie. Voorlopig blijft de Formule 1 in Europa. "Maandag terugvliegen en dan is het lange reizen even voorbij", zeg ik zondagavond in São Paulo tegen mezelf. Fout gedacht. Alsof we de laatste weken nog niet genoeg tijd hebben doorgebracht in een vliegtuig, wordt de terugreis een marathon met hindernissen. Dat begint als we bij het inchecken wat langer bezig zijn, doordat we een formulier moeten invullen waarop staat met wie er contact moet worden opgenomen als we daartoe zelf niet in staat zijn. Op dat moment kunnen we nog lachen. Die lach verstilt al een beetje als het toestel van de Portugese maatschappij TAP niet kan opstijgen vanwege een kapot videosysteem. Nadat we een keer of wat te horen hebben gekregen dat de piloot ons over vijf minuten zal vertellen wat er gaat gebeuren, moeten we van boord. Twee lange uren later, die we zonder eten of drinken doorbrengen in een zaal op het vliegveld, beseffen we dat we vandaag (de maandag na de race) niet meer gaan vliegen. Het videosysteem werkt perfect, maar motor nummer vier is kapot en de werkelijke reden van onze vertraging. We zijn blij dat een Portugese collega met ons meereist. Er worden immers geen mededelingen gedaan in het Engels. We worden naar een hotel gebracht en krijgen te eten. Ons wordt verteld dat we de volgende ochtend worden gebeld als de bus klaarstaat die ons naar het vliegtuig brengt. Als ik die ochtend nietsvermoedend op weg ga naar de ontbijtzaal kom ik mijn collega's tegen. Ze zijn een beetje pissig op me, want de bus naar het vliegveld vertrekt over een paar minuten en het duurt heel lang voordat ik in de lobby ben. Logisch, want ik ben niet gebeld. Net op tijd stap ik even later in de bus. Ik heb mijn koffer persoonlijk in de bus gezet en ben daar blij om als blijkt dat de koffers van collega's die dat niet hebben gedaan in het hotel achterblijven. Als we dan eindelijk toch in Lissabon zijn om over te stappen, ontstaat de volgende vertraging als blijkt dat er voor geen enkele passagier in ons vliegtuig een doorverbinding is geregeld. Het is dan één uur 's nachts. Als we een tijd later over een volledig verlaten vliegveld lopen ontdekken we dat er om half twee een KLM-toestel naar Amsterdam is gevlogen. Dat toestel hadden we kunnen halen, maar de TAP wilde ons (goedkoper) laten wachten tot zeven uur 's ochtends, zodat we met een TAP-toestel naar Amsterdam konden terugvliegen. 46 uur na het vertrek uit São Paulo landen we daar eindelijk. Mijn advies: vlieg geen TAP. Ervaren reizigers zeggen niet voor niets dat de afkorting staat voor *take another plane*.

De grootste gevaren
Na de pitbranden van Jos Verstappen en (op kleinere schaal) Eddie Irvine in 1994 is er bij de pitstops gelukkig geen brand meer uitgebroken. Op een aantal kleine brandjes na, bijvoorbeeld die bij de pitstop van Michael Schumacher in Oostenrijk in 2003. Toch deed ik tijdens de races mijn werk als pitreporter in een brandvrije overall. Ik stond zo dicht bij de auto's en de tankinstallaties dat het onverantwoord was dat niet te doen. De meeste ongelukken bij de pitstops gebeuren tegenwoordig als een monteur wordt aangereden in de pitstraat. Dat kon mij als reporter niet gebeuren, want tijdens de race mag ik niet in de pitstraat komen. Vroeger was dat wel anders, schreef RaceReport-medewerker Mischa Bijenhof. Het meest afschrikwekkende voorbeeld is het Belgische Grand Prix-weekend van 1981. Tijdens de vrijdagtraining werd Giovanni Amadeo, een monteur van Osella, doodgereden door de Williams van Carlos Reutemann. Als protest tegen hun gevaarlijke arbeidsomstandigheden besloten de monteurs op zondag voor de race de grid te bezetten. Zij werden gesteund door de meeste coureurs, die zich bij hen voegden. Door de chaos zaten bij het begin van de opwarmronde nog niet alle coureurs in hun auto. Riccardo Patrese liet ook nog zijn motor afslaan en zijn monteur Dave Luckett sprong achter de auto om de Arrows te starten. De starter zag dat niet en liet het veld vertrekken. Iedereen wist de stilstaande auto te omzeilen, behalve de Italiaan Siegfried Stohr. Hij klapte vol

achter op zijn teamgenoot; Luckett zat tussen de twee auto's in. Hij brak slechts een been en zijn pols, maar Stohr stapte in shock uit zijn auto.

De mooiste inhaalactie

Mika Häkkinen, 27 augustus 2000, Spa-Francorchamps. In RaceReport beschrijf ik het als volgt. Voor iedereen is duidelijk dat Michael Schumacher ten prooi gaat vallen aan Mika Häkkinen. De Duitser doet wat hij kan. In de veertigste ronde weert hij een inhaalpoging van Häkkinen nog af met een gevaarlijke kapbeweging. Een ronde later denkt Schumacher even lucht te krijgen als hij Ricardo Zonta voor zich ziet opdoemen. Met een beetje geluk kan die Häkkinen even ophouden. Maar als hij de Braziliaan passeert, ziet hij plotseling in zijn ooghoeken Häkkinen opduiken. Zonta weet ook niet wat hem overkomt. Hij kijkt goed in zijn spiegels, maar kon nooit vermoeden dat hij door twee auto's tegelijk gepasseerd zou worden. Een links van hem, een rechts van hem. Ook Michael Schumacher is verbluft door de actie van Häkkinen, die een hoog 'Schumacher-gehalte' heeft. De Duitser staat immers bekend om zijn snelle reageren op kleine kansen. Schumacher heeft niet kunnen voorzien dat Häkkinen hem op dat moment zou kunnen passeren. De baan is immers toch maar breed genoeg voor twee auto's? Nee, dus. De winst gaat naar de Fin. Häkkinens actie is magistraal en nu al historisch.

De malste mallemolen

Terwijl Ralph Firman nog niet eens in de helikopter ligt om naar het ziekenhuis te worden vervoerd, staat Bernie Ecclestone in de pits van Hongarije te overleggen met Ron Dennis, Frank Williams en Jean Todt. Dat Firman na zijn steenharde crash (met een impact van 46G) niet kan racen is al duidelijk. Eddie Jordan weet wel een plaatsvervanger voor de ongelukkige Firman: zijn testcoureur Zsolt Baumgartner. Hongaar én in staat op superkorte termijn wat geld te storten op de rekening van Jordan, om te betalen voor zijn deelname aan de Hongaarse Grand Prix. Maar er is een probleem: Zsolt heeft geen superlicentie. Daar weet opportunist Bernie Ecclestone wel een oplossing voor. Ecclestone vormt samen met Max Mosley, Frank Williams, Ron Dennis en Jean Todt de commissie die bepaalt of een coureur recht heeft op een dergelijk Formule 1-rijbewijs. Eén telefoontje naar Mosley en een kort bezoekje aan de pits zijn voor Ecclestone genoeg Baumgartner een licentie te geven. Is het belachelijk dat dergelijke improvisaties plaatsvinden en dat Baumgartner al de officiële vervanger van Firman is, terwijl nog niet eens helemaal zeker is of de lange Brit zijn crash goed heeft doorstaan? Welnee, iedereen in de Formule 1 beseft dat ongelukken, gewonden en zelfs doden bij de sport horen en dat het Formule 1-leven na een serieus ongeluk in *no time* verderdraait alsof er niets is gebeurd.

De duurste kaartjes
Natuurlijk snap ik dat het aantal toeschouwers dat een Grand Prix bezoekt slechts een héééééééél klein deel is van het totaal aantal mensen dat een Formule 1-weekend volgt. De televisiekijkers, radioluisteraars en internetbezoekers zijn er in veel grotere aantallen en daarom commercieel stukken belangrijker dan de tienduizenden fans langs de baan. Toch vind ik het volstrekt idioot dat de mensen die de moeite nemen naar een circuit te komen en belachelijk veel geld moeten betalen voor een kaartje, op zondag worden afgescheept met een mager programma. De Porsche Supercup-race is altijd gaaf, de rijdersparade is grappig en de Formule 1-wedstrijd een megaspektakel, maar als dat alles is wat er zondag op de baan gebeurt dan zit je op de tribune toch vooral te wachten. Ik betwijfel of de afnemende toeschouwersaantallen te maken hebben met een verminderde belangstelling voor de Formule 1. Ik denk eerder dat men zich tegenwoordig niet meer voor de gek laat houden. Wie is er bereid om alleen al voor een kaartje tussen de tweehonderd en driehonderd euro te betalen? De oplossing

is simpel: maak de kaartjes goedkoper (en dat kan best; op Indianapolis kost een tribuneplaats 'slechts' tachtig euro) en zorg voor een beter randprogramma. Dan krijgen de bezoekers weer waar voor hun geld. Bovendien geeft het de mensen achter de televisie een veel mooier plaatje. Volle tribunes zijn altijd leuker.

De koudste rillingen
Op de zaterdag voor de Grand Prix van Italië 2000 sta ik langs de baan te kijken naar de vrije training. Ik sta vlak voor de tweede chicane, tussen een aantal marshals. Frits van Eldik maakt een foto, waarop ik vrolijk lachend de camera inkijk. Een dag later, in de eerste ronde van de Grand Prix, gebeurt er op weg naar de tweede chicane een megaongeluk. Auto's en wielen vliegen in het rond. Een marshal die dienst doet op precies de plek waar ik een dag eerder stond wordt geraakt door een wiel. Op televisie is te zien dat de doktoren iemand proberen te reanimeren. Maria de la Rosa, echtgenote van coureur Pedro, denkt dat haar man daar ligt, maar wordt snel gerustgesteld. Het maakt de situatie niet minder ernstig. Paolo Ghislimberti, de marshal van dienst, zal de klap van het wiel niet overleven.

Het mooiste alternatief
Een Formule 1-race hebben we in Nederland niet meer en zullen we ook nooit meer krijgen, maar de Marlboro Masters is een prachtig alternatief. Zeker in 2003 was het voor mij een van de hoogtepunten van het seizoen. Bij de Grands Prix zijn we voor RTL met maximaal zes man op pad, maar op de Masters pakten wij het deze keer net zo aan zoals het Britse ITV en de Duitsers van RTL de Grands Prix aanpakken: met een enorme groep mensen en een eigen studio. Erg leuk om te doen, ook omdat de Masters dit jaar opnieuw een mooi evenement was. Nicolas Kiesa omschreef het goed: "De Marlboro Masters is een megarace. Een wereldkampioenschap Formule 3, een snelkookpan die ontploft in de finale." En Kiesa kan

het weten. Hij is een van de vele coureurs die op de Marlboro Masters hebben gereden en zijn doorgestroomd naar de Formule 1. Naast Kiesa (deelnemer in 2000 en 2001) hebben twaalf coureurs die nu Formule 1-racen aan de Masters deelgenomen. En hun opvolgers staan al klaar. Ga maar na: Christian Klien won in zijn allereerste jaar in de Formule 3 gelijk de Masters en is zo goed dat we hem geheid in de Formule 1 terug gaan zien. Dat geldt ook voor de nummers twee en drie, Nelson Piquet junior en Ryan Briscoe, die tevens het Europees kampioenschap Formule 3 won. Briscoe is al testcoureur voor Toyota en is volgens de medische staf van Toyota de 'ideale atleet'. Deze talenten zorgen er samen met het strand en de cafés voor dat een aantal buitenlandse Formule 1-journalisten ieder jaar besluit de drieweekse zomerpauze te schrappen en naar Zandvoort te komen. Om de toekomst van de Formule 1 aan het werk te zien.

De mooiste GP
De Amerikaanse Grand Prix in 2000 heeft op mij de meeste indruk gemaakt. Ik was nog nooit op Indianapolis geweest, had er al veel verhalen over gehoord en dacht te weten wat mij te wachten stond, maar was toch volledig overdonderd. Ik kan wel vertellen hoe indrukwekkend het complex is en hoe de racehistorie er wordt gekoesterd, maar je moet er geweest zijn om het te beseffen. Dat blijkt ook in 2003 als een collega van een landelijk dagblad die al heel veel heeft meegemaakt, de eerste dag ook niet weet wat hem overkomt.

De vervelendste GP
Het ene jaar is dat wat mij betreft Monaco, het andere jaar Magny-Cours.

De gevaarlijkste GP
Er is mij nog nooit iets overkomen, maar São Paulo is de gevaarlijkste stad waar een Grand Prix wordt georganiseerd. De coureurs en teambazen worden constant gevolgd door

bodyguards. Niemand gaat alleen van het circuit af, iedereen reist in groepjes. Zelfs dan kan het misgaan. In 2001 werd een busje met acht Williams-technici bijna gekidnapt. Dat jaar werd ook een Minardi-medewerker overvallen die net geld had opgenomen. Als je van het circuit rijdt, is het verstandig teamkleding (waaraan je als F1-medewerker te herkennen bent) uit te trekken en de parkeersticker van je vooruit te peuteren. Jammer dat dergelijke voorzorgsmaatregelen nodig zijn, maar het contrast tussen de geldverslindende hightech van de Formule 1 en de Zuid-Amerikaanse metropool is ook wel heel groot. Op weg naar het hotel in São Paulo rij je over een snelweg waar de wegafzetting niet wordt gevormd door vangrails, maar door de *favela's*: de krottenwijken waar je overal kleine kinderen blootsvoets ziet spelen tussen de houten huisjes. Er zitten gaten in de wegen. Eenmaal in de stad is het verkeer onvoorstelbaar druk. Het stinkt. Er slapen mensen op straat en onder bruggen. Verkeersborden zijn er nauwelijks. De weg naar het hotel is alleen te vinden doordat het vlak bij het nationale vliegveld ligt, zodat we de hoge flats naast het vliegveld als richtpunt kunnen gebruiken. Daartussen kun je de vliegtuigen zien opstijgen. Als er ooit per ongeluk een herhaling van 11 september te zien zal zijn, dan is het hier. Zaterdagavond vreesden we daar zelfs even voor, toen er vlak bij het hotel een enorme knal en dito lichtflits waren. De stroom ging even uit, maar ook weer aan. Geen vliegtuigcrash, wel een ontploft transformatorhuisje.

De domste Nederlanders
De Nederlandse toeschouwers bij de Grands Prix, en je vindt ze bij iedere race, blinken uit door het maken van spandoeken. Bijna altijd zijn ze leuk, heel soms zijn ze dom. Zoals in 2003 in Oostenrijk. Een stelletje domkoppen had pal voor de McLaren-pits een spandoek opgehangen met de nergens op gebaseerde tekst: "Kimi, lik me reet (*kiss my ass*)". Kan iemand mij uitleggen waar dat op slaat?

Het absurdste moment
"Het is oorlog", staat in het sms'je dat ik ontving terwijl ik donderdag 20 maart aan het werk was op het circuit van Sepang. Ik voelde me rot, maar ging verder met mijn werk. In de perskamer was niets te merken van een oorlog. De tientallen televisieschermen vertoonden slechts testbeelden. Alleen in een klein hoekje stond een tv op CNN. Niemand keek. Alsof er niets aan de hand was. In de pits was ook alles normaal. De monteurs werkten rustig door. Pal boven de Minardi van Jos hing een monitor. Met beelden uit Irak. Niemand keek. Bridgestone verspreidde een persbericht met de ongelukkige kop *Ready to strike back*. Plotseling vlogen er vijf straaljagers laag over het circuit. Ze kwamen oefenen voor een luchtshow die zondag zou worden gegeven. Als er op dat moment iets ongepast was, was dat het wel. Wat de tv-beelden niet voor elkaar kregen, lukte de straaljagers wel. Plotseling werd in de paddock duidelijk wat er gaande was. De Formule 1 was even niet meer het belangrijkste. De collega's van RTL Duitsland begonnen een handtekeningenactie om de show van de straaljagers tegen te houden. De organisatie was niet onder de indruk. Zondag vlogen de straaljagers gewoon op een luttel aantal meters hoogte over onze hoofden, zoals de Maleisische regering het graag ziet. Het absurdste moment van mijn Maleisische weekend was zaterdag, na de kwalificatie. De uitzending was voorbij, maar ik had mijn zender nog aanstaan en kon meeluisteren met de regie in Hilversum. Die was in gesprek met het oorlogsgebied en RTL-verslaggever Conny Mus, die direct na ons op de zender zou komen. Natuurlijk is het fantastisch om Formule 1-journalist te zijn en natuurlijk moest de race doorgaan, maar op dat moment voelde ik mijzelf volstrekt nietig. Ik had zojuist het pole-position-feest van Renault beschreven en Conny (nota bene een grote Formule 1-fan, met wie ik nog wel eens mail over onze favoriete sport) stond op het punt verslag te doen van een gebeurtenis van écht historische betekenis, inclusief veel verdriet. In Maleisië werd anders gereageerd op de oorlog dan in het westen. De

Maleisische overheid en de door die overheid gecontroleerde media waren fel tegenstander van de oorlog. De westerse militairen werden omschreven als een invasiemacht, de oorlog als een illegale en agressieve actie en de oorlogsuitzendingen van BBC World werden onderbroken door filmpjes met de tekst *Malaysians for peace, stop the war on Iraq*. Een tekst die ook op spandoeken op het circuit was te vinden. De sfeer in Maleisië, waar de mensenrechten regelmatig worden geschonden, wordt steeds meer anti-westers. Toch voel ik mij als westerling geen seconde onveilig in Maleisië. Men beseft dat de Formule 1 het land veel geld oplevert en ontvangt de Formule 1-wereld met open armen. Geld vergoedt veel. Al vraag ik mij af hoe lang dat nog duurt.

Wat ik het meest zal missen
Olav Mol loopt als een soort rode draad door mijn autosportcarrière. Als coureur voor wie ik persberichten maak, als baas van een raceteam dat mij aanneemt om de contacten met de pers te verzorgen, als een van de aandeelhouders van RaceReport, als degene die mij een kans geeft bij RTL en als de man die mij naar voren schuift als pitreporter. Terwijl er bij RTL de nodige twijfels zijn of ik dat wel kan. Ja, dus. Ik krijg in ieder geval genoeg positieve reacties, dus zal het niet echt slecht zijn geweest. Al was het ook lang niet altijd perfect. Gelukkig was daar altijd Olav nog om mijn fouten recht te zetten of te verbloemen voor de buitenwereld. Door net op tijd mijn zender open of dicht te zetten, door mij verrot te schelden en dat direct weer goed te maken en door nieuwtjes door te geven. Als pitreporter moet je echter wel oppassen met Olav. Collega Jack Plooij is er vaker de dupe van geweest dan ik, maar Olav Mol houdt wel van een geintje en haalt die het liefst uit als je midden in een interview zit. Stel je voor: je houdt iemand een microfoon onder de neus, je moet een intelligente vraag stellen en plotseling hoor je in je koptelefoon Olav zingen. Vaak een eigentijdse versie van 'Beertje Colargol'. "Ik ben beertje Colargol, 't beertje dat kan…" En

dat wordt dan gevolgd door een tekst die ik hier maar beter niet kan opschrijven. Olav is ook in staat om midden in een verhaal de meest komische dan wel grove dingen te roepen. Op het moment dat Olav die uitspraken doet, heeft hij het geluid naar Hilversum snel dichtgezet. De kijker thuis hoort niets, maar Jack en ik hebben vaak niet meteen door dat Olavs grappen door niemand zijn gehoord, behalve door ons. En de toeschouwers op het circuit die een scanner hebben. Die zullen zich ook wel eens afvragen wat er allemaal gebeurt. "Dat kun je niet maken", denken we dan. "Dat kan je toch niet op televisie zeggen?" Ik heb vaak genoeg meegemaakt dat men mij vreemd aankijkt omdat ik, bijvoorbeeld lopend door de pitstraat, plotseling en schijnbaar uit het niets hard begin te lachen. Terwijl er niets grappigs gebeurt. Dat soort momenten zal ik gaan missen. Als ik Jack soms hoor haperen, zal ik opnieuw beginnen te lachen zonder dat iemand beseft waarom, maar ik weet dan dat Ollie weer aan het keten is!

2003, de feiten en de cijfers

Bij de Japanse Grand Prix eindigden Rubens Barrichello, Juan Pablo Montoya en Cristiano da Matta op het podium: het eerste volledig Zuid-Amerikaanse Formule 1-podium ooit.

Michael Schumacher kwalificeerde zich in Suzuka als veertiende. Het was pas de tweede keer dat hij in de kwalificatie buiten de top 10 eindigde. Zijn slechtste kwalificatie blijft die voor de Belgische Grand Prix in 1995. Schumacher reed daar de zestiende tijd, maar wist de race wel te winnen.

Kimi Räikkönen eindigde in 2003 zeven keer als tweede. Daarmee evenaarde hij het recordaantal tweede plaatsen in één seizoen, dat in handen was van Nelson Piquet (1987), Alain Prost (1988) en Mika Häkkinen (2000). Alleen Piquet werd in het jaar waarin hij al die tweede plaatsen verzamelde wereldkampioen.

David Coulthard en Jacques Laffite delen sinds Suzuka het record van meeste aantal starts voor één team. Coulthard reed 132 keer voor McLaren, Laffite net zo vaak voor Ligier.

De laatste keer dat een wereldkampioen zijn titel veiligstelde in een race waarin hij niet op het podium eindigde, was in 1994. Michael Schumacher viel toen uit in Australië.

Juan Manuel Fangio blijft de beste coureur aller tijden als je kijkt naar het aantal punten dat hij gemiddeld per gestarte race binnenhaalde. Hij scoorde in 51 wedstrijden gemiddeld 5,464 punten. Michael Schumacher komt voorlopig niet verder dat gemiddeld 5,351 punten.

Michael Schumacher was de meest betrouwbare coureur van het jaar 2003. Hij kwam alleen in Brazilië niet aan de finish. Ralf Schumacher deed het ook goed; hij finishte twee keer niet. Olivier Panis en Justin Wilson hadden van de coureurs die het hele seizoen reden de meeste pech. In negen van de zestien races vielen ze uit. Nicolas Kiesa is de enige die alle races waarin hij startte ook aan de finish kwam: vijf.

De Williams-auto's waren het meest betrouwbaar. Slechts vijf keer ging een Williams kapot. Ferrari ging zes keer de mist in, McLaren acht keer. Jordan heeft de minst betrouwbare auto met vijftien uitvallen bij in totaal 32 starts.

Wereldkampioenschap coureurs

01.	Michael Schumacher	93
02.	Kimi Räikkönen	91
03.	Juan Pablo Montoya	82
04.	Rubens Barrichello	65
05.	Ralf Schumacher	58
06.	Fernando Alonso	55
07.	David Coulthard	51
08.	Jarno Trulli	33
09.	Jenson Button	17
10.	Mark Webber	17
11.	Heinz-Harald Frentzen	13
12.	Giancarlo Fisichella	12
13.	Cristiano da Matta	10
14.	Nick Heidfeld	6
15.	Olivier Panis	6
16.	Jacques Villeneuve	6
17.	Marc Gené	4
18.	Takuma Sato	3
19.	Ralph Firman	1
20.	Justin Wilson	1
21.	Antonio Pizzonia	0
22.	Jos Verstappen	0
23.	Nicolas Kiesa	0
24.	Zsolt Baumgartner	0

Wereldkampioenschap constructeurs

01.	Ferrari	Ferrari	158
02.	Williams	BMW	144
03.	McLaren	Mercedes	142
04.	Renault	Renault	88
05.	BAR	Honda	26
06.	Sauber	Petronas	19
07.	Jaguar	Cosworth	18
08.	Toyota	Toyota	16
09.	Jordan	Ford	13
10.	Minardi	Cosworth	0

Boetes

Ralf Schumacher	50.000 dollar
Michael Schumacher	10.000 dollar
Cristiano da Matta	9.000 dollar
Jos Verstappen	8.500 dollar
Antonio Pizzonia	7.250 dollar
Justin Wilson	5.500 dollar
Ralph Firman	4.500 dollar
Nicolas Kiesa	3.250 dollar
Olivier Panis	1.250 dollar
David Coulthard	500 dollar
Nick Heidfeld	500 dollar

Kwalificatieduel

Michael Schumacher	10	6	Rubens Barrichello
Ralf Schumacher	9	6	Juan Pablo Montoya
Juan Pablo Montoya	1	0	Marc Gené
David Coulthard	6	10	Kimi Räikkönen
Jarno Trulli	8	8	Fernando Alonso
Nick Heidfeld	9	7	Heinz-Harald Frentzen
Giancarlo Fisichella	12	2	Ralph Firman
Giancarlo Fisichella	2	0	Zsolt Baumgartner
Mark Webber	8	3	Antonio Pizzonia
Mark Webber	5	0	Justin Wilson
Jacques Villeneuve	6	8	Jenson Button
Takuma Sato	0	1	Jenson Button
Justin Wilson	4	7	Jos Verstappen
Nicolas Kiesa	0	5	Jos Verstappen
Olivier Panis	13	3	Cristiano da Matta

Race 1   09-03-2003   Albert Park Circuit (5,303 kilometer)
AUSTRALIË   58 ronden

Kwalificatie
#	Coureur	Tijd
01.	Michael Schumacher	1:27,173
02.	Rubens Barrichello	1:27,418
03.	Juan Pablo Montoya	1:28,101
04.	Heinz-Harald Frentzen	1:28,274
05.	Olivier Panis	1:28,288
06.	Jacques Villeneuve	1:28,420
07.	Nick Heidfeld	1:28,464
08.	Jenson Button	1:28,682
09.	Ralf Schumacher	1:28,830
10.	Fernando Alonso	1:28,928
11.	David Coulthard	1:29,105
12.	Jarno Trulli	1:29,136
13.	Giancarlo Fisichella	1:29,344
14.	Mark Webber	1:29,367
15.	Kimi Räikkönen	1:29,470
16.	Cristiano da Matta	1:29,538
17.	Ralph Firman	1:31,242
18.	Antonio Pizzonia	1:31,723
19.	Jos Verstappen	
20.	Justin Wilson	

Race
#	Coureur	Team	Motor	Tijd/Achterstand
01.	David Coulthard	McLaren	Mercedes	1:34:42,124
02.	Juan Pablo Montoya	Williams	BMW	+ 8,675
03.	Kimi Räikkönen	McLaren	Mercedes	+ 9,192
04.	Michael Schumacher	Ferrari	Ferrari	+ 9,482
05.	Jarno Trulli	Renault	Renault	+ 38,801
06.	Heinz-Harald Frentzen	Sauber	Petronas	+ 43,928
07.	Fernando Alonso	Renault	Renault	+ 45,074
08.	Ralf Schumacher	Williams	BMW	+ 45,745
09.	Jacques Villeneuve	BAR	Honda	+ 1:05,536
10.	Jenson Button	BAR	Honda	+ 1:05,974
11.	Jos Verstappen	Minardi	Cosworth	+ 1 ronde
12u	Giancarlo Fisichella	Jordan	Ford	+ 6 ronden
13u	Antonio Pizzonia	Jaguar	Cosworth	+ 6 ronden
u	Olivier Panis	Toyota	Toyota	benzinedruk
u	Nick Heidfeld	Sauber	Petronas	gebr. ophanging
u	Justin Wilson	Minardi	Cosworth	radiateur
u	Mark Webber	Jaguar	Cosworth	gebr. ophanging
u	Cristiano da Matta	Toyota	Toyota	spin
u	Ralph Firman	Jordan	Ford	crash
u	Rubens Barrichello	Ferrari	Ferrari	crash

Race 2 — 23-03-2003 — MALEISIË — Sepang Circuit (5,543 kilometer) — 56 ronden

Kwalificatie

#	Coureur	Tijd
01.	Fernando Alonso	1:37,044
02.	Jarno Trulli	1:37,217
03.	Michael Schumacher	1:37,393
04.	David Coulthard	1:37,454
05.	Rubens Barrichello	1:37,579
06.	Nick Heidfeld	1:37,766
07.	Kimi Räikkönen	1:37,858
08.	Juan Pablo Montoya	1:37,974
09.	Jenson Button	1:38,073
10.	Olivier Panis	1:38,094
11.	Cristiano da Matta	1:38,097
12.	Jacques Villeneuve	1:38,289
13.	Heinz-Harald Frentzen	1:38,291
14.	Giancarlo Fisichella	1:38,416
15.	Antonio Pizzonia	1:38,516
16.	Mark Webber	1:38,624
17.	Ralf Schumacher	1:38,789
18.	Jos Verstappen	1:40,417
19.	Justin Wilson	1:40,599
20.	Ralph Firman	1:40,910

Race

#	Coureur	Team	Motor	Tijd/Uitval
01.	Kimi Räikkönen	McLaren	Mercedes	1:32:22,195
02.	Rubens Barrichello	Ferrari	Ferrari	+ 39,286
03.	Fernando Alonso	Renault	Renault	+ 1:04,007
04.	Ralf Schumacher	Williams	BMW	+ 1:28,026
05.	Jarno Trulli	Renault	Renault	+ 1 ronde
06.	Michael Schumacher	Ferrari	Ferrari	+ 1 ronde
07.	Jenson Button	BAR	Honda	+ 1 ronde
08.	Nick Heidfeld	Sauber	Petronas	+ 1 ronde
09.	Heinz-Harald Frentzen	Sauber	Petronas	+ 1 ronde
10.	Ralph Firman	Jordan	Ford	+ 1 ronde
11.	Cristiano da Matta	Toyota	Toyota	+ 1 ronde
12.	Juan Pablo Montoya	Williams	BMW	+ 3 ronden
13.	Jos Verstappen	Minardi	Cosworth	+ 4 ronden
u	Antonio Pizzonia	Jaguar	Cosworth	spin
u	Justin Wilson	Minardi	Cosworth	schouderpijn
u	Mark Webber	Jaguar	Cosworth	motor
u	Olivier Panis	Toyota	Toyota	benzinedruk
u	David Coulthard	McLaren	Mercedes	elektronica
u	Giancarlo Fisichella	Jordan	Ford	motor afgeslagen
u	Jacques Villeneuve	BAR	Honda	versnelling

Race 3 **06-04-2003** *Autodromo Jose Carlos Pace* *(4,309 kilometer)*
BRAZILIË *58 ronden*

Kwalificatie

01. Rubens Barrichello	1:13,807
02. David Coulthard	1:13,818
03. Mark Webber	1:13,851
04. Kimi Räikkönen	1:13,866
05. Jarno Trulli	1:13,953
06. Ralf Schumacher	1:14,124
07. Michael Schumacher	1:14,130
08. Giancarlo Fisichella	1:14,191
09. Juan Pablo Montoya	1:14,223
10. Fernando Alonso	1:14,384
11. Jenson Button	1:14,504
12. Nick Heidfeld	1:14,631
13. Jacques Villeneuve	1:14,668
14. Heinz-Harald Frentzen	1:14,839
15. Olivier Panis	1:14,839
16. Ralph Firman	1:15,240
17. Antonio Pizzonia	1:15,317
18. Cristiano da Matta	1:15,641
19. Jos Verstappen	1:16,542
20. Justin Wilson	1:16,586

Race

01.	Giancarlo Fisichella	Jordan	Ford	1:31:17,748
02.	Kimi Räikkönen	McLaren	Mercedes	+ 0,945
03.	Fernando Alonso	Renault	Renault	+ 6,348
04.	David Coulthard	McLaren	Mercedes	+ 8,096
05.	Heinz-Harald Frentzen	Sauber	Petronas	+ 8,642
06.	Jacques Villeneuve	BAR	Honda	+ 16,054
07.	Ralf Schumacher	Williams	BMW	+ 38,526
08.	Jarno Trulli	Renault	Renault	+ 45,927
09u	Mark Webber	Jaguar	Cosworth	+ 1 ronde
10.	Cristiano da Matta	Toyota	Toyota	+ 1 ronde
u	Rubens Barrichello	Ferrari	Ferrari	benzinedruk
u	Jenson Button	BAR	Honda	crash
u	Jos Verstappen	Minardi	Cosworth	spin
u	Michael Schumacher	Ferrari	Ferrari	crash
u	Juan Pablo Montoya	Williams	BMW	crash
u	Antonio Pizzonia	Jaguar	Cosworth	crash
u	Olivier Panis	Toyota	Toyota	ongeluk
u	Ralph Firman	Jordan	Ford	ophanging/ongeluk
u	Justin Wilson	Minardi	Cosworth	spin
u	Nick Heidfeld	Sauber	Petronas	olielek

Race 4 **20-04-2003** *Autodromo Enzo e Dino Ferrari (4,933 kilometer)*
SAN MARINO 62 ronden

Kwalificatie
01.	Michael Schumacher	1:22,327
02.	Ralf Schumacher	1:22,341
03.	Rubens Barrichello	1:22,557
04.	Juan Pablo Montoya	1:22,789
05.	Mark Webber	1:23,015
06.	Kimi Räikkönen	1:23,148
07.	Jacques Villeneuve	1:23,160
08.	Fernando Alonso	1:23,169
09.	Jenson Button	1:23,381
10.	Olivier Panis	1:23,460
11.	Nick Heidfeld	1:23,700
12.	David Coulthard	1:23,818
13.	Cristiano da Matta	1:23,838
14.	Heinz-Harald Frentzen	1:23,932
15.	Antonio Pizzonia	1:24,147
16.	Jarno Trulli	1:24,190
17.	Giancarlo Fisichella	1:24,317
18.	Justin Wilson	1:25,826
19.	Ralph Firman	1:26,357
20.	Jos Verstappen	

Race
01.	Michael Schumacher	Ferrari	Ferrari	1:28:12,058
02.	Kimi Räikkönen	McLaren	Mercedes	+ 1,882
03.	Rubens Barrichello	Ferrari	Ferrari	+ 2,291
04.	Ralf Schumacher	Williams	BMW	+ 8,803
05.	David Coulthard	McLaren	Mercedes	+ 9,411
06.	Fernando Alonso	Renault	Renault	+ 43,689
07.	Juan Pablo Montoya	Williams	BMW	+ 45,271
08.	Jenson Button	BAR	Honda	+ 1 ronde
09.	Olivier Panis	Toyota	Toyota	+ 1 ronde
10.	Nick Heidfeld	Sauber	Petronas	+ 1 ronde
11.	Heinz-Harald Frentzen	Sauber	Petronas	+ 1 ronde
12.	Cristiano da Matta	Toyota	Toyota	+ 1 ronde
13.	Jarno Trulli	Renault	Renault	+ 1 ronde
14.	Antonio Pizzonia	Jaguar	Cosworth	+ 2 ronden
15u	Giancarlo Fisichella	Jordan	Ford	+ 5 ronden
u	Mark Webber	Jaguar	Cosworth	aandrijfas
u	Ralph Firman	Jordan	Ford	motor
u	Jos Verstappen	Minardi	Cosworth	elektronica
u	Justin Wilson	Minardi	Cosworth	tankinstallatie
u	Jacques Villeneuve	BAR	Honda	olielek

Race 5 — 04-05-2003 — SPANJE — Circuit de Catalunya (4,730 kilometer) — 65 ronden

Kwalificatie

01.	Michael Schumacher	Ferrari		1:17,762
02.	Rubens Barrichello	Ferrari		1:18,020
03.	Fernando Alonso	Renault		1:18,233
04.	Jarno Trulli	Renault		1:18,615
05.	Jenson Button	BAR		1:18,704
06.	Olivier Panis	Toyota		1:18,811
07.	Ralf Schumacher	Williams		1:19,006
08.	David Coulthard	McLaren		1:19,128
09.	Juan Pablo Montoya	Williams		1:19,377
10.	Heinz-Harald Frentzen	Sauber		1:19,427
11.	Jacques Villeneuve	BAR		1:19,563
12.	Mark Webber	Jaguar		1:19,615
13.	Cristiano da Matta	Toyota		1:19,623
14.	Nick Heidfeld	Sauber		1:19,646
15.	Ralph Firman	Jordan		1:20,215
16.	Antonio Pizzonia	Jaguar		1:20,308
17.	Giancarlo Fisichella	Jordan		1:20,976
18.	Justin Wilson	Minardi		1:22,104
19.	Jos Verstappen	Minardi		1:22,237
20.	Kimi Räikkönen	McLaren		—

Race

01.	Michael Schumacher	Ferrari	Ferrari	1:33:46,933
02.	Fernando Alonso	Renault	Renault	+ 5,716
03.	Rubens Barrichello	Ferrari	Ferrari	+ 18,001
04.	Juan Pablo Montoya	Williams	BMW	+ 1:02,022
05.	Ralf Schumacher	Williams	BMW	+ 1 ronde
06.	Cristiano da Matta	Toyota	Toyota	+ 1 ronde
07.	Mark Webber	Jaguar	Cosworth	+ 1 ronde
08.	Ralph Firman	Jordan	Ford	+ 2 ronden
09.	Jenson Button	BAR	Honda	+ 2 ronden
10.	Nick Heidfeld	Sauber	Petronas	+ 2 ronden
11.	Justin Wilson	Minardi	Cosworth	+ 2 ronden
12.	Jos Verstappen	Minardi	Cosworth	+ 3 ronden
	Giancarlo Fisichella	Jordan	Ford	motor
u	Olivier Panis	Toyota	Toyota	versnelling
u	Heinz-Harald Frentzen	Sauber	Petronas	voorwielophanging
u	David Coulthard	McLaren	Mercedes	ongeluk
u	Jacques Villeneuve	BAR	Honda	elektronica
u	Jarno Trulli	Renault	Renault	ongeluk
u	Antonio Pizzonia	Jaguar	Cosworth	ongeluk
u	Kimi Räikkönen	McLaren	Mercedes	ongeluk

Race 6 — 18-05-2003 — OOSTENRIJK

A1-Ring (4,326 kilometer)
69 ronden

Kwalificatie

01. Michael Schumacher	Ferrari	1:09,150
02. Kimi Räikkönen	McLaren	1:09,189
03. Juan Pablo Montoya	Williams	1:09,391
04. Nick Heidfeld	Sauber	1:09,725
05. Rubens Barrichello	Ferrari	1:09,784
06. Jarno Trulli	Renault	1:09,890
07. Jenson Button	BAR	1:09,935
08. Antonio Pizzonia	Jaguar	1:10,045
09. Giancarlo Fisichella	Jordan	1:10,105
10. Ralf Schumacher	Williams	1:10,279
11. Olivier Panis	Toyota	1:10,402
12. Jacques Villeneuve	BAR	1:10,618
13. Cristiano da Matta	Toyota	1:10,834
14. David Coulthard	McLaren	1:10,893
15. Heinz-Harald Frentzen	Sauber	1:11,307
16. Ralph Firman	Jordan	1:11,505
17. Mark Webber	Jaguar	1:11,662
18. Justin Wilson	Minardi	1:14,508
19. Fernando Alonso	Renault	1:20,113
20. Jos Verstappen	Minardi	

Race

01. Michael Schumacher	Ferrari	Ferrari	1:24:04,888
02. Kimi Räikkönen	McLaren	Mercedes	+ 3,362
03. Rubens Barrichello	Ferrari	Ferrari	+ 3,951
04. Jenson Button	BAR	Honda	+ 42,243
05. David Coulthard	McLaren	Mercedes	+ 59,740
06. Ralf Schumacher	Williams	BMW	+ 1 ronde
07. Mark Webber	Jaguar	Cosworth	+ 1 ronde
08. Jarno Trulli	Renault	Renault	+ 1 ronde
09. Antonio Pizzonia	Jaguar	Cosworth	+ 1 ronde
10. Cristiano da Matta	Toyota	Toyota	+ 1 ronde
11. Ralph Firman	Jordan	Ford	+ 1 ronde
12. Jacques Villeneuve	BAR	Honda	+ 1 ronde
13. Justin Wilson	Minardi	Cosworth	+ 2 ronden
u Giancarlo Fisichella	Jordan	Ford	benzinedruk
u Nick Heidfeld	Sauber	Petronas	motor
u Fernando Alonso	Renault	Renault	motor
u Juan Pablo Montoya	Williams	BMW	waterlek
u Olivier Panis	Toyota	Toyota	voorwielophanging
u Jos Verstappen	Minardi	Cosworth	gaspedaal
u Heinz-Harald Frentzen	Sauber	Petronas	niet gestart

Race 7 **01-06-2003** **Monte Carlo (3,340 kilometer)**
MONACO **78 ronden**

Kwalificatie

01.	Ralf Schumacher	1:15,259	Williams	BMW
02.	Kimi Räikkönen	1:15,295	McLaren	Mercedes
03.	Juan Pablo Montoya	1:15,415	Ferrari	Ferrari
04.	Jarno Trulli	1:15,500	Williams	BMW
05.	Michael Schumacher	1:15,644	Renault	Renault
06.	David Coulthard	1:15,700	Renault	Renault
07.	Rubens Barrichello	1:15,820	McLaren	Mercedes
08.	Fernando Alonso	1:15,884	Ferrari	Ferrari
09.	Mark Webber	1:16,237	Toyota	Toyota
10.	Cristiano da Matta	1:16,744	Jordan	Ford
11.	Jacques Villeneuve	1:16,755	Sauber	Petronas
12.	Giancarlo Fisichella	1:16,967	Jordan	Ford
13.	Antonio Pizzonia	1:17,103	Toyota	Toyota
14.	Nick Heidfeld	1:17,176	BAR	Honda
15.	Heinz-Harald Frentzen	1:17,402	Minardi	Cosworth
16.	Ralph Firman	1:17,452	Minardi	Cosworth
17.	Olivier Panis	1:17,464	Jaguar	Cosworth
18.	Jos Verstappen	1:18,706	Jaguar	Cosworth
19.	Justin Wilson	1:20,063	Sauber	Petronas

Race

01.	Juan Pablo Montoya	Williams	BMW	1:42:19,010
02.	Kimi Räikkönen	McLaren	Mercedes	+ 0,602
03.	Michael Schumacher	Ferrari	Ferrari	+ 1,720
04.	Ralf Schumacher	Williams	BMW	+ 28,518
05.	Fernando Alonso	Renault	Renault	+ 36,251
06.	Jarno Trulli	Renault	Renault	+ 40,972
07.	David Coulthard	McLaren	Mercedes	+ 41,227
08.	Rubens Barrichello	Ferrari	Ferrari	+ 53,266
09.	Cristiano da Matta	Toyota	Toyota	+ 1 ronde
10.	Giancarlo Fisichella	Jordan	Ford	+ 1 ronde
11.	Nick Heidfeld	Sauber	Petronas	+ 2 ronden
12.	Ralph Firman	Jordan	Ford	+ 2 ronden
13.	Olivier Panis	Toyota	Toyota	+ 4 ronden
u	Jacques Villeneuve	BAR	Honda	motor
u	Justin Wilson	Minardi	Cosworth	benzinedruk
u	Jos Verstappen	Minardi	Cosworth	benzinedruk
u	Mark Webber	Jaguar	Cosworth	motor
u	Antonio Pizzonia	Jaguar	Cosworth	elektronica
u	Heinz-Harald Frentzen	Sauber	Petronas	crash
u	Jenson Button	BAR	Honda	niet gestart

Race 8   **15-06-2003**   *Circuit Gilles Villeneuve (4,361 kilometer)*
                CANADA   *70 ronden*

Kwalificatie			Race				
01. Ralf Schumacher	1:15,529		01.	Michael Schumacher	Ferrari	Ferrari	1:31:13,591
02. Juan Pablo Montoya	1:15,923		02.	Ralf Schumacher	Williams	BMW	+ 0,784
03. Michael Schumacher	1:16,047		03.	Juan Pablo Montoya	Williams	BMW	+ 1,355
04. Fernando Alonso	1:16,048		04.	Fernando Alonso	Renault	Renault	+ 4,481
05. Rubens Barrichello	1:16,143		05.	Rubens Barrichello	Ferrari	Ferrari	+ 1:04,261
06. Mark Webber	1:16,182		06.	Kimi Räikkönen	McLaren	Mercedes	+ 1:10,502
07. Olivier Panis	1:16,598		07.	Mark Webber	Jaguar	Cosworth	+ 1 ronde
08. Jarno Trulli	1:16,718		08.	Olivier Panis	Toyota	Toyota	+ 1 ronde
09. Cristiano da Matta	1:16,826		09.	Jos Verstappen	Minardi	Cosworth	+ 2 ronden
10. Heinz-Harald Frentzen	1:16,939		10u	Antonio Pizzonia	Jaguar	Cosworth	+ 4 ronden
11. David Coulthard	1:17,024		11u	Cristiano da Matta	Toyota	Toyota	+ 6 ronden
12. Nick Heidfeld	1:17,086		u	Justin Wilson	Minardi	Cosworth	versnelling
13. Antonio Pizzonia	1:17,337		u	Jenson Button	BAR	Honda	versnelling
14. Jacques Villeneuve	1:17,347		u	David Coulthard	McLaren	Mercedes	versnelling
15. Jos Verstappen	1:18,014		u	Nick Heidfeld	Sauber	Petronas	motor
16. Giancarlo Fisichella	1:18,036		u	Jarno Trulli	Renault	Renault	gevolgen schade
17. Jenson Button	1:18,205		u	Giancarlo Fisichella	Jordan	Ford	versnelling
18. Justin Wilson	1:18,560		u	Ralph Firman	Jordan	Ford	olielek
19. Ralph Firman	1:18,692		u	Jacques Villeneuve	BAR	Honda	remmen
20. Kimi Räikkönen			u	Heinz-Harald Frentzen	Sauber	Petronas	elektronica

Race 9　　29-06-2003　　Nürburgring (5,148 kilometer)
EUROPA　　60 ronden

Kwalificatie
01. Kimi Räikkönen	1:31,523	Williams
02. Michael Schumacher	1:31,555	Williams
03. Ralf Schumacher	1:31,619	Ferrari
04. Juan Pablo Montoya	1:31,765	Renault
05. Rubens Barrichello	1:31,780	Ferrari
06. Jarno Trulli	1:31,976	Jaguar
07. Olivier Panis	1:32,350	BAR
08. Fernando Alonso	1:32,424	Sauber
09. David Coulthard	1:32,742	Sauber
10. Cristiano da Matta	1:32,949	Jaguar
11. Mark Webber	1:33,066	Jordan
12. Jenson Button	1:33,395	Jordan
13. Giancarlo Fisichella	1:33,553	Minardi
14. Ralph Firman	1:33,827	Minardi
15. Heinz-Harald Frentzen	1:34,000	McLaren
16. Antonio Pizzonia	1:34,159	Toyota
17. Jacques Villeneuve	1:34,596	BAR
18. Jos Verstappen	1:36,318	Renault
19. Justin Wilson	1:36,485	Toyota
20. Nick Heidfeld		McLaren

Race
01. Ralf Schumacher	Williams	BMW	1:34:43,622
02. Juan Pablo Montoya	Williams	BMW	+ 16,821
03. Rubens Barrichello	Ferrari	Ferrari	+ 39,673
04. Fernando Alonso	Renault	Renault	+ 1:05,731
05. Michael Schumacher	Ferrari	Ferrari	+ 1:06,162
06. Mark Webber	Jaguar	Cosworth	+ 1 ronde
07. Jenson Button	BAR	Honda	+ 1 ronde
08. Nick Heidfeld	Sauber	Petronas	+ 1 ronde
09. Heinz-Harald Frentzen	Sauber	Petronas	+ 1 ronde
10. Antonio Pizzonia	Jaguar	Cosworth	+ 1 ronde
11. Ralph Firman	Jordan	Ford	+ 2 ronden
12. Giancarlo Fisichella	Jordan	Ford	+ 2 ronden
13. Justin Wilson	Minardi	Cosworth	+ 2 ronden
14. Jos Verstappen	Minardi	Cosworth	+ 3 ronden
15u David Coulthard	McLaren	Mercedes	+ 4 ronden
u Cristiano da Matta	Toyota	Toyota	motor
u Jacques Villeneuve	BAR	Honda	versnelling
u Jarno Trulli	Renault	Renault	benzinedruk
u Olivier Panis	Toyota	Toyota	remmen/spin
u Kimi Räikkönen	McLaren	Mercedes	motor

Race 10 — 06-07-2003 — FRANKRIJK

Circuit de Nevers (4,411 kilometer)
70 ronden

Kwalificatie

#	Coureur	Tijd
01.	Ralf Schumacher	1:15,019
02.	Juan Pablo Montoya	1:15,136
03.	Michael Schumacher	1:15,480
04.	Kimi Räikkönen	1:15,533
05.	David Coulthard	1:15,628
06.	Jarno Trulli	1:15,967
07.	Fernando Alonso	1:16,087
08.	Rubens Barrichello	1:16,166
09.	Mark Webber	1:16,308
10.	Olivier Panis	1:16,345
11.	Antonio Pizzonia	1:16,965
12.	Jacques Villeneuve	1:16,990
13.	Cristiano da Matta	1:17,068
14.	Jenson Button	1:17,077
15.	Nick Heidfeld	1:17,445
16.	Heinz-Harald Frentzen	1:17,562
17.	Giancarlo Fisichella	1:18,431
18.	Ralph Firman	1:18,514
19.	Jos Verstappen	1:18,709
20.	Justin Wilson	1:19,619

Race

#	Coureur	Team	Motor	Tijd/Achterstand
01.	Ralf Schumacher	Williams	BMW	1:30:49,213
02.	Juan Pablo Montoya	Williams	BMW	+ 13,813
03.	Michael Schumacher	Ferrari	Ferrari	+ 19,568
04.	Kimi Räikkönen	McLaren	Mercedes	+ 38,047
05.	David Coulthard	McLaren	Mercedes	+ 40,289
06.	Mark Webber	Jaguar	Cosworth	+ 1:06,380
07.	Rubens Barrichello	Ferrari	Ferrari	+ 1 ronde
08.	Olivier Panis	Toyota	Toyota	+ 1 ronde
09.	Jacques Villeneuve	BAR	Honda	+ 1 ronde
10.	Antonio Pizzonia	Jaguar	Cosworth	+ 1 ronde
11.	Cristiano da Matta	Toyota	Toyota	+ 1 ronde
12.	Heinz-Harald Frentzen	Sauber	Petronas	+ 2 ronden
13.	Nick Heidfeld	Sauber	Petronas	+ 2 ronden
14.	Justin Wilson	Minardi	Cosworth	+ 3 ronden
15.	Ralph Firman	Jordan	Ford	+ 3 ronden
16.	Jos Verstappen	Minardi	Cosworth	+ 4 ronden
u	Jarno Trulli	Renault	Renault	motor
u	Fernando Alonso	Renault	Renault	motor
u	Giancarlo Fisichella	Jordan	Ford	motor
u	Jenson Button	BAR	Honda	geen benzine

Race 11   20-07-2003   Silverstone (5,141 kilometer)
GROOT-BRITTANNIË   60 ronden

Kwalificatie
#	Coureur	Tijd
01.	Rubens Barrichello	1:21,209
02.	Jarno Trulli	1:21,381
03.	Kimi Räikkönen	1:21,695
04.	Ralf Schumacher	1:21,727
05.	Michael Schumacher	1:21,867
06.	Cristiano da Matta	1:22,081
07.	Juan Pablo Montoya	1:22,214
08.	Fernando Alonso	1:22,404
09.	Jacques Villeneuve	1:22,591
10.	Antonio Pizzonia	1:22,634
11.	Mark Webber	1:22,647
12.	David Coulthard	1:22,811
13.	Olivier Panis	1:23,042
14.	Heinz-Harald Frentzen	1:23,187
15.	Giancarlo Fisichella	1:23,574
16.	Nick Heidfeld	1:23,844
17.	Ralph Firman	1:24,385
18.	Justin Wilson	1:25,468
19.	Jos Verstappen	1:25,759
20.	Jenson Button	

Race
#	Coureur	Team	Motor	Tijd
01.	Rubens Barrichello	Ferrari	Ferrari	1:28:37,554
02.	Juan Pablo Montoya	Williams	BMW	+ 5,462
03.	Kimi Räikkönen	McLaren	Mercedes	+ 10,656
04.	Michael Schumacher	Ferrari	Ferrari	+ 25,648
05.	David Coulthard	McLaren	Mercedes	+ 36,827
06.	Jarno Trulli	Renault	Renault	+ 43,067
07.	Cristiano da Matta	Toyota	Toyota	+ 45,085
08.	Jenson Button	BAR	Honda	+ 45,478
09.	Ralf Schumacher	Williams	BMW	+ 58,032
10.	Jacques Villeneuve	BAR	Honda	+ 1:03,569
11.	Olivier Panis	Toyota	Toyota	+ 1:05,207
12.	Heinz-Harald Frentzen	Sauber	Petronas	+ 1:05,564
13.	Ralph Firman	Jordan	Ford	+ 1 ronde
14.	Mark Webber	Jaguar	Cosworth	+ 1 ronde
15.	Jos Verstappen	Minardi	Cosworth	+ 2 ronden
16.	Justin Wilson	Minardi	Cosworth	+ 2 ronden
17.	Nick Heidfeld	Sauber	Petronas	+ 2 ronden
u	Fernando Alonso	Renault	Renault	versnelling
u	Giancarlo Fisichella	Jordan	Ford	gebr. ophanging/spin
u	Antonio Pizzonia	Jaguar	Cosworth	motor

Race 12   03-08-2003   Hockenheimring (4,574 kilometer)
DUITSLAND   67 ronden

Kwalificatie
01.	Juan Pablo Montoya	Williams	1:15,167
02.	Ralf Schumacher	McLaren	1:15,185
03.	Rubens Barrichello	Renault	1:15,488
04.	Jarno Trulli	Renault	1:15,679
05.	Kimi Räikkönen	Toyota	1:15,874
06.	Michael Schumacher	Toyota	1:15,898
07.	Olivier Panis	Ferrari	1:16,034
08.	Fernando Alonso	BAR	1:16,483
09.	Cristiano da Matta	BAR	1:16,550
10.	David Coulthard	Sauber	1:16,666
11.	Mark Webber	Jaguar	1:16,775
12.	Giancarlo Fisichella	Minardi	1:16,831
13.	Jacques Villeneuve	Jordan	1:17,090
14.	Heinz-Harald Frentzen	Minardi	1:17,169
15.	Nick Heidfeld	Jaguar	1:17,557
16.	Justin Wilson	Williams	1:18,021
17.	Jenson Button	Sauber	1:18,085
18.	Ralph Firman	Ferrari	1:18,341
19.	Jos Verstappen	McLaren	1:19,023
20.	Nicolas Kiesa	Jordan	1:19,174

Race
01.	Juan Pablo Montoya	Williams	BMW	1:28:48,769
02.	David Coulthard	McLaren	Mercedes	+ 1:05,459
03.	Jarno Trulli	Renault	Renault	+ 1:09,060
04.	Fernando Alonso	Renault	Renault	+ 1:09,344
05.	Olivier Panis	Toyota	Toyota	+ 1 ronde
06.	Cristiano da Matta	Toyota	Toyota	+ 1 ronde
07.	Michael Schumacher	Ferrari	Ferrari	+ 1 ronde
08.	Jenson Button	BAR	Honda	+ 1 ronde
09.	Jacques Villeneuve	BAR	Honda	+ 2 ronden
10.	Nick Heidfeld	Sauber	Petronas	+ 2 ronden
11u	Mark Webber	Jaguar	Cosworth	+ 3 ronden
12.	Nicolas Kiesa	Minardi	Cosworth	+ 5 ronden
13u	Giancarlo Fisichella	Jordan	Ford	+ 7 ronden
u	Jos Verstappen	Minardi	Cosworth	hydraulica
u	Justin Wilson	Jaguar	Cosworth	gev. ongeluk
u	Ralf Schumacher	Williams	BMW	gev. ongeluk
u	Heinz-Harald Frentzen	Sauber	Petronas	gev. ongeluk
u	Rubens Barrichello	Ferrari	Ferrari	ongeluk
u	Kimi Räikkönen	McLaren	Mercedes	ongeluk
u	Ralph Firman	Jordan	Ford	ongeluk

Race 13   24-08-2003   Hungaroring (4,381 kilometer)
HONGARIJE   70 ronden

Kwalificatie
01.	Fernando Alonso	1:21,688	Renault
02.	Ralf Schumacher	1:21,944	McLaren
03.	Mark Webber	1:22,027	Williams
04.	Juan Pablo Montoya	1:22,180	Williams
05.	Rubens Barrichello	1:22,180	McLaren
06.	Jarno Trulli	1:22,610	Jaguar
07.	Kimi Räikkönen	1:22,742	Renault
08.	Michael Schumacher	1:22,755	Ferrari
09.	David Coulthard	1:23,060	Sauber
10.	Olivier Panis	1:23,369	BAR
11.	Nick Heidfeld	1:23,621	Toyota
12.	Justin Wilson	1:23,660	Minardi
13.	Giancarlo Fisichella	1:23,726	Minardi
14.	Jenson Button	1:23,847	Sauber
15.	Cristiano da Matta	1:23,982	Jaguar
16.	Jacques Villeneuve	1:24,100	Jordan
17.	Heinz-Harald Frentzen	1:24,569	Toyota
18.	Jos Verstappen	1:26,423	Jordan
19.	Zsolt Baumgartner	1:26,678	Ferrari
20.	Nicolas Kiesa	1:28,907	BAR

Race
01.	Fernando Alonso	Renault	Renault	1:39:01,460
02.	Kimi Räikkönen	McLaren	Mercedes	+ 16,768
03.	Juan Pablo Montoya	Williams	BMW	+ 34,537
04.	Ralf Schumacher	Williams	BMW	+ 35,620
05.	David Coulthard	McLaren	Mercedes	+ 56,535
06.	Mark Webber	Jaguar	Cosworth	+ 1:12,643
07.	Jarno Trulli	Renault	Renault	+ 1 ronde
08.	Michael Schumacher	Ferrari	Ferrari	+ 1 ronde
09.	Nick Heidfeld	Sauber	Petronas	+ 1 ronde
10.	Jenson Button	BAR	Honda	+ 1 ronde
11.	Cristiano da Matta	Toyota	Toyota	+ 2 ronden
12.	Jos Verstappen	Minardi	Cosworth	+ 3 ronden
13.	Nicolas Kiesa	Minardi	Cosworth	+ 4 ronden
u	Heinz-Harald Frentzen	Sauber	Petronas	zonder benzine
u	Justin Wilson	Jaguar	Cosworth	motor
u	Zsolt Baumgartner	Jordan	Ford	motor
u	Olivier Panis	Toyota	Toyota	versnelling
u	Giancarlo Fisichella	Jordan	Ford	motor
u	Rubens Barrichello	Ferrari	Ferrari	ongeluk
u	Jacques Villeneuve	BAR	Honda	hydraulica

Race 14   **14-09-2003**   *Autodromo Nazionale di Monza (5,793 kilometer)*
                 ITALIË   53 ronden

Kwalificatie

01.	Michael Schumacher	1:20,963
02.	Juan Pablo Montoya	1:21,014
03.	Rubens Barrichello	1:21,242
04.	Kimi Räikkönen	1:21,466
05.	Marc Gené	1:21,834
06.	Jarno Trulli	1:21,944
07.	Jenson Button	1:22,301
08.	David Coulthard	1:22,471
09.	Olivier Panis	1:22,488
10.	Jacques Villeneuve	1:22,717
11.	Mark Webber	1:22,754
12.	Cristiano da Matta	1:22,914
13.	Giancarlo Fisichella	1:22,992
14.	Heinz-Harald Frentzen	1:23,216
15.	Justin Wilson	1:23,484
16.	Nick Heidfeld	1:23,803
17.	Jos Verstappen	1:25,078
18.	Zsolt Baumgartner	1:25,881
19.	Nicolas Kiesa	1:26,778
20.	Fernando Alonso	1:40,405

Race

01.	Michael Schumacher	Ferrari	Ferrari	1:14:19,838
02.	Juan Pablo Montoya	Williams	BMW	+ 5,294
03.	Rubens Barrichello	Ferrari	Ferrari	+ 11,835
04.	Kimi Räikkönen	McLaren	Mercedes	+12,834
05.	Marc Gené	Williams	BMW	+ 27,891
06.	Jacques Villeneuve	BAR	Honda	+ 1 ronde
07.	Mark Webber	Jaguar	Cosworth	+ 1 ronde
08.	Fernando Alonso	Renault	Renault	+ 1 ronde
09.	Nick Heidfeld	Sauber	Petronas	+ 1 ronde
10.	Giancarlo Fisichella	Jordan	Ford	+ 1 ronde
11.	Zsolt Baumgartner	Jordan	Ford	+ 2 ronden
12.	Nicolas Kiesa	Minardi	Cosworth	+ 2 ronden
13u	Heinz-Harald Frentzen	Sauber	Petronas	+ 3 ronden
u	David Coulthard	McLaren	Mercedes	benzinedruk
u	Olivier Panis	Toyota	Toyota	remmen
u	Jos Verstappen	Minardi	Cosworth	olieradiateur
u	Jenson Button	BAR	Honda	versnelling
u	Cristiano da Matta	Toyota	Toyota	klapband/spin
u	Justin Wilson	Jaguar	Cosworth	versnelling
u	Jarno Trulli	Renault	Renault	hydraulica

Race 15 **28-09-2003** *Indianapolis Motor Speedway (4,192 kilometer)*
vs *73 ronden*

Kwalificatie

01.	Kimi Räikkönen	1:11,670
02.	Rubens Barrichello	1:11,794
03.	Olivier Panis	1:11,920
04.	Juan Pablo Montoya	1:11,948
05.	Ralf Schumacher	1:12,078
06.	Fernando Alonso	1:12,087
07.	Michael Schumacher	1:12,194
08.	David Coulthard	1:12,297
09.	Cristiano da Matta	1:12,326
10.	Jarno Trulli	1:12,566
11.	Jenson Button	1:12,695
12.	Jacques Villeneuve	1:13,050
13.	Nick Heidfeld	1:13,083
14.	Mark Webber	1:13,269
15.	Heinz-Harald Frentzen	1:13,447
16.	Justin Wilson	1:13,585
17.	Giancarlo Fisichella	1:13,798
18.	Ralph Firman	1:14,027
19.	Jos Verstappen	1:15,360
20.	Nicolas Kiesa	1:15,644

Race

01.	Michael Schumacher	Ferrari	Ferrari	1:33:35,997
02.	Kimi Räikkönen	McLaren	Mercedes	+ 18,258
03.	Heinz-Harald Frentzen	Sauber	Petronas	+ 37,964
04.	Jarno Trulli	Renault	Renault	+ 48,329
05.	Nick Heidfeld	Sauber	Petronas	+ 56,403
06.	Juan Pablo Montoya	Williams	BMW	+ 1 ronde
07.	Giancarlo Fisichella	Jordan	Ford	+ 1 ronde
08.	Justin Wilson	Jaguar	Cosworth	+ 2 ronden
09.	Cristiano da Matta	Toyota	Toyota	+ 2 ronden
10.	Jos Verstappen	Minardi	Cosworth	+ 4 ronden
11.	Nicolas Kiesa	Minardi	Cosworth	+ 4 ronden
u	Jacques Villeneuve	BAR	Honda	motor
u	Ralph Firman	Jordan	Ford	spin
u	David Coulthard	McLaren	Mercedes	versnelling
u	Fernando Alonso	Renault	Renault	motor
u	Jenson Button	BAR	Honda	motor
u	Olivier Panis	Toyota	Toyota	crash
u	Mark Webber	Jaguar	Cosworth	crash
u	Ralf Schumacher	Williams	BMW	crash
u	Rubens Barrichello	Ferrari	Ferrari	ongeluk

Race 16 **12-10-2003** *Suzuka International Circuit   (5,807 kilometer)*
              JAPAN   *53 ronden*

Kwalificatie

01. Rubens Barrichello	1:31,713
02. Juan Pablo Montoya	1:32,412
03. Cristiano da Matta	1:32,419
04. Olivier Panis	1:32,862
05. Fernando Alonso	1:33,044
06. Mark Webber	1:33,106
07. David Coulthard	1:33,137
08. Kimi Räikkönen	1:33,272
09. Jenson Button	1:33,474
10. Justin Wilson	1:33,558
11. Nick Heidfeld	1:33,632
12. Heinz-Harald Frentzen	1:33,896
13. Takuma Sato	1:33,924
14. Michael Schumacher	1:34,302
15. Ralph Firman	1:34,771
16. Giancarlo Fisichella	1:34,912
17. Jos Verstappen	1:34,975
18. Nicolas Kiesa	1:37,226
19. Ralf Schumacher	
20. Jarno Trulli	

Race

01. Rubens Barrichello	Ferrari	Ferrari	1:25:11,743
02. Kimi Räikkönen	McLaren	Mercedes	+ 11,085
03. David Coulthard	McLaren	Mercedes	+ 11,614
04. Jenson Button	BAR	Honda	+ 33,106
05. Jarno Trulli	Renault	Renault	+ 34,269
06. Takuma Sato	BAR	Honda	+ 51,692
07. Cristiano da Matta	Toyota	Toyota	+ 56,794
08. Michael Schumacher	Ferrari	Ferrari	+ 59,487
09. Nick Heidfeld	Sauber	Petronas	+ 1:00,159
10. Olivier Panis	Toyota	Toyota	+ 1:01,844
11. Mark Webber	Jaguar	Cosworth	+ 1:11,005
12. Ralf Schumacher	Williams	BMW	+ 1 ronde
13. Justin Wilson	Jaguar	Cosworth	+ 1 ronde
14. Ralph Firman	Jordan	Ford	+ 2 ronden
15. Jos Verstappen	Minardi	Cosworth	+ 2 ronden
16. Nicolas Kiesa	Minardi	Cosworth	+ 3 ronden
u Giancarlo Fisichella	Jordan	Ford	zonder benzine
u Fernando Alonso	Renault	Renault	motor
u Heinz-Harald Frentzen	Sauber	Petronas	motor
u Juan Pablo Montoya	Williams	BMW	hydraulica